Gesund essen

Säure-Basen-Kochbuch

GENUSSVOLL IM GLEICHGEWICHT LEBEN

AUTOREN: DR. IRENE KÜHRER, ELISABETH FISCHER
FOTOS: STUDIO L'EVEQUE

Inhalt

SÄURE-BASEN-GLEICHGEWICHT

Die Säure-Basen-Balance – so gut schmeckt die Gesundheit 5

Säure-Basen-Haushalt – Harmonie ist, wenn zwei sich finden 6

Säureschutz – um jeden Preis 8

Gesundsein – ist mehr als nicht krank sein 10

Schlacken loswerden – wir wollen keinen Körpermüll 12

Guten Appetit! Essen mit dem Basen-Plus 14

Test: Latente Übersäuerung – sind Sie gefährdet? 17

Jeden Tag ins Basen-Plus Eine langfristige Ess-Strategie 18

Berechnen Sie Ihr Säure-Basen-Konto 20

Säure-Basen-Balance – das interessiert mich auch 22

REZEPTE 24

Drinks, Frühstück und Power-Snacks

Harmony-Gemüse-Drink, Mango-Eis-Tee 26

Bananen-Kiwi-Drink, Tomatensaft mit Kräutern 28

Orangen-Kefir-Drink, Himbeer-Buttermilch 29

Erdbeer-Nuss-Müsli, Apfel-Porridge 30

Aprikosen-Zwetschgen-Marmelade, Schinken-Toast mit Karottensaft 32

Lachsröllchen, Paprika mit Hüttenkäsesalat 34

Räucher-Tofu-Sandwich mit Zucchini-Salsa, Gemüsesticks mit Kräuter-Joghurt 35

Knoblauch-Kartoffel-Brötchen, Avocado-Crostini 36

Gegrillte Austernpilze mit Basilikum-Salsa, Gorgonzola-Tomaten 38

Hähnchen-Lauch-Pastete 40

Salate

Frühlingssalat mit Spargel und Erdbeeren, Knackiger Räucher-Tofu-Salat auf Chicorée 42

Rübchensalat mit Ananas, Fenchel-Paprika-Tomaten-Salat 44

Salat von grünen Bohnen mit Schafkäse, Asia-Sprossen-Salat 45

Mariniertes Grillgemüse 46

Kartoffel-Gurken-Salat mit Stremmellachs 48

Feldsalat mit Avocado, Gebratenes Hähnchenfilet 50

Spinatsalat mit Omelette-Streifen 52

Suppen

Kalte Karottensuppe, Gazpacho 54

Misosuppe mit Meeresgemüse, Tomatensuppe 56

Borschtsch, Griechischer Linseneintopf 58

Ruck-Zuck-Kürbissuppe, Schnelle Gemüse-Raspel-Suppe 60

Spinatcreme-Suppe, Blitz-Minestrone 61

Wirsingtopf mit Hähnchenbrust 62

Sizilianischer Fischtopf 64

Eintopf mit grünen Bohnen und Rindfleisch 66

Hauptgerichte vegetarisch

Kürbis-Dim-Sums 68

Spaghetti mit sardischem Gemüse-Sugo, Penne mit Brokkoli 70

Griechisches Spinat-Kartoffel-Gratin 72

Knusprige Tofu-Bällchen 74

Kichererbsen mit Aprikosen 76

Spinatrisotto 77

Schmortopf, Spargel mit Kerbelsauce 78

Vegi-Burger 80

Grünrotes Gemüsecurry 82

Kohlrabi in Minzsauce, Aus dem Wok – Austernpilze, Zuckererbsen und Lauch 84

Hauptgerichte mit Fisch

Knuspriger Fisch mit Ananas 86

Italienisches Fischfilet 88

Bratfisch mit Kräuter-Gemüse 90

Gebratenes Zanderfilet 92

Aus dem Dampf – Lachs im grünen Bett 94

Hauptgerichte mit Fleisch

Gebratene Hühnerkeule 96

Wokpfanne mit Rindfleisch 98

Knuspriges Kartoffelrösti, Lammsteaks mit Kräuterbutter 100

Schmortopf »Gärtnerin« 102

Desserts

Sahniges Brombeer-Eis 104

Dattel-Haselnuss-Pralinen, Erdbeersuppe 106

Apfel-Zwetschgen-Mus, Fruchtsalat mit Orangen-Nuss-Creme 108

Papaya-Heidelbeer-Salat 110

Basen-Power-Kompott, Mango-Pudding 112

Kirschen-Gratin, Überraschungs-Äpfel 114

Ananas-Bananen-Gratin, Mango-Crumble 116

Aprikosen-Strudel 118

Früchtebrot 120

Ananas-Erdbeer-Kuchen mit Sahne 122

ZUM NACHSCHLAGEN

Testauflösung 124

Register 125

Impressum 128

Die Säure-Basen-Balance

So gut schmeckt die Gesundheit

Lust auf frische Energie? Appetit auf straffe Haut? Hunger nach mehr Wohlbefinden?

Sie wollen sich nicht länger mit einem Leben auf Sparflamme zufrieden geben und sehen nicht ein, warum Müdigkeit der Normalzustand sein soll. Sie haben das Bedürfnis nach der Leichtigkeit des Seins, aber auch des Körpers und sind entschlossen, endlich etwas für sich zu tun. Am besten und einfachsten Sie fangen mit dem richtigen Essen an!

Ein aus den Fugen geratener Säure-Basen-Haushalt ist sehr oft dafür verantwortlich, wenn körperliches Unbehagen zum zermürbenden Dauerzustand wird. Auch ein geschwächtes Immunsystem und frühzeitige Alterung können durch eine latente Übersäuerung ausgelöst werden. Hauptursache für die gestörte Säure-Basen-Balance ist belastendes, einseitiges Essen. Mit unseren maßgeschneiderten Rezepten schlemmen Sie sich täglich ins Basen-Plus. Dazu gibt es praktische Tipps, die es Ihnen leicht machen, Ihre Ernährung basensicher zu erneuern.

Säure-Basen-Haushalt – Harmonie ist, wenn sich zwei finden

Man sieht ihn ich nicht, man fühlt ihn nicht – trotzdem hat der Säure-Basen-Haushalt einen gewaltigen Einfluss auf unser Wohlbefinden. Ist er im Gleichgewicht, können alle Stoffwechselvorgänge optimal ablaufen und die Organe haben die besten Voraussetzungen, um reibungslos zu funktionieren – kurzum, der Mensch fühlt sich pudelwohl.
Unangenehm bemerkbar macht sich der Säure-Basen-Haushalt allerdings, wenn er langfristig auch nur geringfügigen Schwankungen ausgesetzt ist. Dann reagiert er beleidigt und kann auf Dauer ernsthafte gesundheitliche Probleme auslösen, wie Osteoporose, die sich mittlerweile zur Zivilisationskrankheit Nr. 1 auswächst. Auch erhöhte Infektanfälligkeit, Leistungsabfall, Schmerzen in den Gelenken, Schäden im Bindegewebe, die als Cellulite gut sichtbar sind, und sogar frühzeitige Alterung inklusive Falten werden durch einen gestörten Säure- Basen-Haushalt verursacht.

Wie bleibe ich im Gleichgewicht?

Eine gute Nachricht: Sie können mit jeder Mahlzeit vom Frühstück bis zum Abendessen dazu beitragen, dass die Säure-Basen-Balance in ihrem Organismus erhalten bleibt. Eine gezielte Ernährung entlastet den Organismus und kann eine latente Übersäuerung abwenden. Solches Essen – in unserem Buch finden Sie viele köstliche Rezepte dafür – liefert dem Körper reichlich Basen, um den Ansturm der Säuren auszugleichen. Dadurch bleiben die Knochen stark, die Haut straff und die Zellen sind mit allen Nährstoffen gut versorgt.
Was viele nicht wissen: Bei der Umwandlung von Lebensmitteln in körpergerechte Baustoffe und maßgeschneiderte Energielieferanten entstehen Säuren und Basen. Der Geschmack eines Lebensmittels sagt jedoch nichts darüber aus, ob es zur Säure- oder Basenbildung beiträgt. Obst und Gemüse bilden Basen, eiweißreiche Lebensmittel wie Fleisch, Fisch, Milchprodukte, Eier, aber auch Getreide und Hülsenfrüchte die Säuren.

Harmonisch schlemmen schützt vor latenter Übersäuerung

Keine Angst! Was sich auf den ersten Blick erschreckend anhört und Appetit verschlagende Visionen wie „Nie mehr Fleisch, sonst droht Übersäuerung“ hervorruft, entpuppt sich bei genauerer Betrachtung als ein schmackhaftes Essen, bei dem auch kleinere, aber feinere Fleisch- und Fischportionen von reichlich würzigem Gemüse begleitet werden. Geschickte Kombinationen bewirken den erstrebenswerten Basenüberschuss und sichern gleichzeitig die Versorgung mit lebenswichtigem Eiweiß, das wir zum Aufbau von Muskeln und Enzymen brauchen.

Säure sucht Base

Ihr Säure-Basen-Haushalt ist die größte Partnerbörse der Welt. Ununterbrochen arbeitet dieses körperinterne Regelsystem daran, dass möglichst jedes freie Säure-Proton ein bindungsfähiges Basen-Anion findet. Ziel dieser Bemühungen ist es, den gesamten Organismus in einen Zustand der inneren Harmonie zu versetzen und ein ausgeglichenes Milieu herzustellen. Denn nur so können sämtliche Organe störungsfrei funktionieren, und der Energiehaushalt läuft auf vollen Touren. Aber warum sollte es in unserem Körper anders sein als im täglichen Leben? Die perfekte Harmonie ist äußerst störungsanfällig und meist sind wir selbst daran beteiligt, wenn der Haussegen schief hängt.
Genau genommen ist dieses Buch darum auch ein Beziehungsratgeber. Er will Sie dabei unterstützen, das komplexe Verhältnis von Säuren und Basen in ausgeglichene Bahnen zu lenken – als Ihr Personal Coach für körperinterne Partnerschaften.

➤ Säuren und Basen – Biochemie und Händchenhalten

Säuren und Basen können nur gemeinsam betrachtet werden. Alle Säuren enthalten ein oder mehrere locker gebundene Wasserstoffatome, die sie in Gegenwart von Wasser als Protonen (H+) abgeben.
Ein freies, positiv geladenes Wasserstoffproton ist ein Single auf Partnersuche. Es hat ein Händchen frei und sucht eine Hand, an der es sich festhalten kann.
Gegensätze ziehen sich an. Der ideale Partner ist die negativ geladene Hydroxyl-Gruppe (OH-) einer Base. Aus dieser Verbindung entsteht Wasser – H_2O. Chemiker bezeichnen Säuren als Protonen-Abgeber (Donatoren) und Basen als Protonen-Aufnehmer (Akzeptoren).

➤ Beziehungsmesser pH-Wert

Der pH-Wert drückt das Verhältnis von Säuren und Basen aus und misst die Zahl der freien Wasserstoffprotonen. In der Chemie ist ein pH-Wert von 7 neutral, Werte darunter sind sauer, Werte darüber basisch. Der Blut-pH-Wert des Menschen liegt im basischen Bereich zwischen pH 7,36 und pH 7,44. Man spricht jedoch bereits von einer Übersäuerung, wenn der Blut-pH-Wert unter 7,36 sinkt.
Als pH-Wert ausgedrückt erscheint dieser Schwankungsbereich winzig klein; in der Realität bedeutet er aber eine gigantische Zahl von freien Wasserstoffprotonen.
Einem pH-Wert von 7 entsprechen 10^{-7} freie Wasserstoffprotonen. Eine Verschiebung des pH-Werts um eine Einheit in den sauren Bereich bedeutet somit eine Verzehnfachung (!) der Säurekonzentration.

Was ist eine latente Übersäuerung?

Unser Organismus setzt alle Hebel in Bewegung, um den pH-Wert, den Maßstab für das Verhältnis von Säuren und Basen, in den festgelegten Grenzen zu halten. Im Normalfall gelingt dies. Lebensbedrohliche Entgleisungen in den sauren oder basischen Bereich, eine Azidose oder Alkalose treten nur als Folge schwerster Erkrankungen auf. Allerdings bedeutet es für den Organismus eine starke Belastung, wenn er ständig darum kämpfen muss, dass die untere Grenze zum sauren Bereich hin eingehalten wird. Dieser Zustand wird auch als latente Übersäuerung oder latente Azidose bezeichnet. Ausgelöst wird diese vor allem durch falsche Ernährung mit zu viel Eiweiß. Einer latenten Übersäuerung kann durch ein Essen, das einen Basenüberschuss erzeugt, vorgebeugt werden.

Säureschutz – um jeden Preis

Ein Puffer tritt bei drohenden Konflikten dazwischen und wirkt ausgleichend. Eine undankbare Aufgabe – und eine lebensrettende Aktion, die täglich trillionenfach in unserem Körper abgeht. Denn aus reinem Selbsterhaltungstrieb produziert unser Körper ununterbrochen Puffersubstanzen. Nur durch ihren Einsatz bleibt der Säure-Basen-Haushalt im Gleichgewicht und damit der pH-Wert in seinen genau festgelegten Grenzen.

Puffer, die selbstlosen Retter

Der Körper verfügt über verschiedene Puffersysteme, um die überschüssige Säure loszuwerden. Zur Abwehr lebensbedrohlicher Schwankungen stehen die Regulationsmechanismen von Lunge, Niere und Leber zur Verfügung. Aber auch das Blut und das Bindegewebe haben Pufferkapazität. Unser Organismus arbeitet äußerst sparsam und rationell. Er ist das beste Vorbild für einen nachhaltigen Umgang mit knappen Ressourcen. Verbrauchte Puffer werden durch komplexe biochemische Recycling-Prozesse regeneriert. Die zusätzlich erforderlichen Basen können mit einer geschickten Kombination der Lebensmittel zugeführt werden.

Puffer gegen den Säureansturm

Ein Puffer ist eine chemische Verbindung, die sowohl die H^+-Protonen aus den Säuren als auch die Hydroxylgruppe (OH^-) aus den Basen bindet. Da wir jedoch meist einen Überschuss an Säureverbindungen haben, ist vor allem die Neutralisierung der aggressiven H^+-Protonen erforderlich.

Lunge, Niere und Leber im Dienste des Säure-Basen-Gleichgewichts

Der wichtigste Puffer im Organismus ist das Bikarbonatpuffersystem. Es bindet die aggressiven freien Wasserstoffprotonen und zerfällt dann in Wasser (H_2O) und Kohlendioxid (CO_2). Das Kohlendioxid wird über die Lungen ausgeatmet, das Wasser über die Nieren ausgeschieden. Im Recycling-Kreislauf des Organismus spielt die Niere eine entscheidende Rolle. Verschiedene Enzymsysteme in der Niere regenerieren den Bikarbonatpuffer. Der dabei entstehende Säureüberschuss wird mit dem Harn entsorgt.
Dritte im Bunde bei der Säureabwehr ist die Leber. In der Leber findet die Aufspaltung des Nahrungseiweißes zu körpereigenen Eiweißbausteinen, den Aminosäuren statt. Dabei entsteht als Nebenprodukt die Puffersubstanz Bikarbonat und das aggressive Ammonium (NH_4^+). Ammonium ist stark sauer und wird mit Hilfe verschiedener Enzymschritte über die Niere entsorgt und als CO_2 über die Lunge abgeatmet.
Diese drei Organsysteme arbeiten so effektiv, dass unter normalen Umständen mit einer angepassten Ernährung und einem gesunden Lebensstil genügend Pufferkapazität zur Verfügung stehen sollte.

➤ Woher kommen die Säuren?

Säuren sind Stoffwechselendprodukte und entstehen im Inneren der Zelle beim Abbau von Kohlenhydraten, bei der Fettverbrennung und im Eiweißstoffwechsel.
1. Vor allem der Abbau von tierischem Eiweiß führt zu einem Säureüberschuss, da bei diesem Prozess stark saure Schwefelsäure anfällt. Durch unsere ganz „normale" Ernährung mit reichlich Fleisch, Wurst, Käse und Eiern entsteht täglich ein Säureüberschuss von 80 mol.
2. Auch Diäten und Fastenkuren erhöhen die Säurebelastung. In Zeiten eingeschränkter oder eingestellter Nahrungszufuhr schaltet der Organismus auf ein Notprogramm und gewinnt seine Energie aus körpereigenem Fett. Dabei bilden sich als Abfallprodukte die belastenden Ketonsäuren.
3. Erhöhte Säurebildung wird auch durch einen Mangel an Vitaminen und Spurenelementen ausgelöst. Bereits kleinste Defizite dieser Mikro-Nährstoffe hemmen die Bildung von lebenswichtigen Enzymen. Sie sind der Motor aller Zellaktivitäten.
4. Der Säuresturm wird zum Orkan, wenn durch einseitige Diäten zum einen im Organismus Ketonsäuren produziert und zum anderen zu wenig Vitalstoffe aufgenommen werden.
5. Mangelnde körperliche Bewegung löst ebenfalls einen Anstieg der Säuren aus. Träge Muskeln sind schlecht durchblutet und bekommen nicht genug Sauerstoff. Wenn den Muskeln die Luft ausgeht, wird die notwendige Energie ohne Sauerstoff gewonnen. Dies führt zur Bildung von Milchsäure.
6. Getränke, die Phosphorsäure enthalten, wie Limo- und Colagetränke, tragen Schluck für Schluck zur Säurebelastung bei. Ein gutes Beispiel dafür, dass Säurebildner nicht sauer schmecken müssen.

Die Puffer werden knapp – der Körper zieht die Notbremse

Der Organismus hat klare Prioritäten: Der Säure-Basen-Haushalt muss um jeden Preis intakt bleiben. Was geschieht nun, wenn eine anhaltend hohe Zufuhr von säurebildenden Lebensmitteln die Pufferkapazität an ihre Leistungsgrenzen bringt und die Puffersubstanzen knapp werden? Um ein Abrutschen in den sauren Bereich zu verhindern und das Überleben zu sichern, schaltet der Organismus auf ein Notprogramm. Er greift auf die Pufferreserven in den Knochen zurück. Hält diese Notsituation länger an, kann sich durch den Abbau von Knochensubstanz eine Osteoporose entwickeln, die die Lebensqualität stark beeinträchtigt.

➤ Woher kommen die Basen?

1. Im Organismus entstehen ständig neue Basen. In den Puffersystemen werden verbrauchte Basen wieder fit gemacht, um den Ansturm von Säuren aus der Nahrung abzuwehren.
2. Zusätzlich werden mit dem Essen auch Mineralbasen aufgenommen. Diese Verbindungen von Eisen, Kalium, Kupfer, Magnesium, Natrium und Kalzium sind vor allem in pflanzlichen Lebensmitteln und am meisten in Obst und Gemüse enthalten.
3. Mit ihrem hohen Vitamingehalt tragen Obst und Gemüse auch zur Basenbildung bei. Denn Vitamine sind unersetzlich für den Aufbau der Enzyme, die die verbrauchten Basen regenerieren.

Gesund sein – ist mehr als nicht krank sein

Gesundheit als Bild dargestellt zeigt eine Gerade. Ausgangspunkt ist der Zustand völligen Wohlbefindens. Sämtliche Organe sind gesund und alle Körperfunktionen sind perfekt aufeinander abgestimmt. Am anderen Ende der Geraden beginnt die Krankheit. Allerdings ist zwischen Ausgangspunkt und Endpunkt viel Platz.
Durch eine ungesunde Ernährung bewegt man sich langsam, aber sicher in Richtung Endpunkt der Gesundheit. In dieser Phase gibt es bereits Zeichen, dass irgendetwas nicht stimmt. Die diffusen Störungen der Befindlichkeit lassen sich jedoch noch nicht als eine spezifische Krankheit diagnostizieren. Eine Ernährungsänderung kann diesen Prozess aufhalten und bestenfalls umdrehen, so dass es wieder Richtung optimales Wohlbefinden geht.
Auch eine latente Übersäuerung gehört in den Bereich von „nicht mehr ganz gesund, aber noch nicht krank." Die Defizite, die in der Zelle durch Übersäuerung entstehen, sind im Anfangsstadium nicht messbar. Aber diese Stoffwechselbelastungen bilden den Nährboden vieler Krankheiten. So dauert es zum Beispiel lange Jahre, bis sich Ablagerungen von Harnsäure in den Gelenken, die durch übermäßigen Fleischkonsum ausgelöst werden, als schmerzhafter Gichtanfall äußern.

➤ Frauen sind doppelt betroffen

Eine latent saure Stoffwechsellage, die die Aktivität der knochenabbauenden Zellen und die Kalziumausscheidung erhöht, gefährdet besonders Frauen in und nach den Wechseljahren. Denn ab Anfang 40 nimmt bei Frauen auch die Produktion der knochenschützenden Östrogene ab. Untersuchungen haben gezeigt, dass ein hoher Verzehr von tierischem Eiweiß bei Frauen nach der Menopause einen rascheren Verlust der Knochendichte auslöst. Im Gegensatz dazu werden mit pflanzlichen Nahrungsmitteln vermehrt Basenstoffe zugeführt. Sie können die organischen Säuren aus dem Eiweißstoffwechsel neutralisieren. Studien belegen: Eine vegetarische Ernährung steigert die Basenbildung deutlich und erhöht die Knochendichte.

Latente Übersäuerung nagt an den Knochen

Unsere Knochen sind eine einzige Baustelle, ein Leben lang. Auf ihr werken unermüdlich hoch spezialisierte Facharbeiter: knochenabbauende Zellen, die Osteoklasten, und knochenaufbauende Zellen, die Osteoblasten.
Eine latente Übersäuerung aktiviert die knochenabbauenden Zellen. Denn in dieser Notsituation benötigt der Organismus dringend die Mineralstoffe aus den Knochen, um seine Pufferkapazität aufrechtzuerhalten.

Vor allem der wichtigste Knochenbaustoff, das Kalzium, wird abgetragen, aber auch Kalium, Magnesium und Phosphor. Dieser Auslaugungsprozess der Knochen verläuft lange Zeit unbemerkt, bis er sich als Osteoporose manifestiert, als „Witwenbuckel" mit Wirbeleinbrüchen und häufigen Knochenbrüchen.

Nierensteine – dahinter kann eine latente Übersäuerung stecken

Die Entmineralisierung der Knochen belastet auch die Nieren. Sie müssen verstärkt Kalzium ausscheiden. Geschieht dies bei saurem Harn, verbindet sich das Kalzium mit dem ebenfalls im Harn vorkommenden Citrat. Das Resultat dieser Liaison sind Nierensteine. Sie können die gefürchteten Nierenkoliken auslösen. Erschwerend kommt hinzu, dass mit höherem Alter die Nierenleistung abnimmt und die Nieren weniger Säuren ausscheiden können. Dadurch wird die Pufferkapazität des Blutes stärker beansprucht. Was wiederum zu einer erhöhten Mineralstoffentnahme aus den Knochen führt. Als Folge davon steigt die Belastung der Nieren und die Spirale in Richtung dauerhafte Übersäuerung dreht sich weiter.

Das Bindegewebe – mehr als man sieht

„Die Cellulite nervt!" Mit dem Bindegewebe beschäftigen wir uns meist nur unter dem Aspekt der Schönheit. Dabei hat das Bindegewebe mehr drauf als Schlaff- oder Straffsein. Es übernimmt wichtige Aufgaben im gesamten Stoffwechsel. Nach der Haut ist es das zweitgrößte Organ. Das Bindegewebe kommt nicht nur an der Körperoberfläche vor. Es bildet ein Netz, das im gesamten Organismus die Zellen der einzelnen Organe zusammenhält.
Durch dieses Netz, das auch Bindegewebsmatrix genannt wird, wandern die Nährstoffe und der Sauerstoff auf ihrem Weg von den Blutgefäßen zu den Zellen. In anderer Richtung werden den Stoffwechselendprodukte zur Entsorgung aus den Zellen zu den Blutgefäßen befördert. Dieser Austausch hat eine Besonderheit: Die Stoffe werden nicht über fixe Bahnen transportiert, sondern diffundieren durch das Bindegewebe, wie Regen, der durch die Erde sickert.

➤ Das Bindegewebe darf nicht sauer werden

Das Bindegewebe ist auch Nährstoffspeicher und Puffer. Es besteht aus Zucker- und Eiweißbausteinen. Zuckerbausteine besitzen freie OH-Gruppen. Sie werden als Säurepuffer aktiv.
Ein hoher Eiweißkonsum löst drei Prozesse aus. Jeder davon mindert die Pufferkapazität.
1. Das Eiweiß wird im Bindegewebe gespeichert. Das Verhältnis von Säure bindenden Zuckerbausteinen und Säure abgebenden Eiweißbausteinen verschiebt sich. Resultat: Weniger OH-Gruppen mit Pufferkapazität.
2. Mehr Säuren werden beim Eiweißabbau in der Zelle gebildet und abtransportiert.
3. Um den pH-Wert des Blutes konstant zu halten, werden Säuren aus dem Blut ins Bindegewebe abgeschoben.

Latente Übersäuerung verändert die Struktur des Bindegewebes. Strukturproteine und Vernetzungsproteine verlieren ihre Elastizität. Das Bindegewebe büßt seine Durchlässigkeit ein. Der Transport von Sauerstoff und Nährstoffen in die Zelle und der Aufbau intakter Zellwände werden behindert. Diese Mangelernährung der Zelle löst viele chronische Krankheiten aus.
Auch der Abtransport von Stoffwechselabfallprodukten ist behindert. Lebenswichtige Stoffe, die in der Zelle produziert werden, wie Hormone oder Enzyme, gelangen nicht ungehindert zu ihren Wirkungsorten.

Schlacken loswerden – wir wollen keinen Körpermüll!

Im Frühjahr ist es besonders groß, das Bedürfnis, den Körper – und die Psyche – zu reinigen, einen Neuanfang zu machen, wie die Natur mit ihren ersten zarten Blättchen und Blüten. Aber auch das restliche Jahr über gibt es immer wieder Phasen, in denen wir uns von hemmendem Ballast befreien wollen. Diese Sehnsucht ist so alt wie die Menschheit selbst. Zu allen Zeiten und in allen Kulturen gab und gibt es Reinigungsriten. Meist besteht dabei eine Verbindung von körperlicher und spiritueller Erneuerung.

Unvergänglich – die Lust auf den inneren Großputz

Auch wir, die Kinder von Coca-Cola, Internet und Ich-AG haben immer wieder das Verlangen nach dem großen Aufräumen und Durchputzen in unserem Körper. Oft soll die innere Reinigung mit Entschlackungskuren erreicht werden. Dahinter steht die Vorstellung, dass im Körper, wie in einem Hochofen, durch die Verbrennung der Nährstoffe dicke Schlacken entstehen, die sich im Gewebe festsetzen. Dieses einprägsame Bild hat zwar nachweislich keine Entsprechung in realen organischen Prozessen – trotzdem, das Empfinden stimmt: Falsche Ernährung beeinflusst die Zusammensetzung der Gewebe negativ, führt zu Unbehagen, schadet der Gesundheit nachhaltig und mindert die Attraktivität.

Eine Ursache für Cellulite, abgenutzte Knorpel und Schmerzen

Besonders krass sind die Auswirkungen einer latenten Übersäuerung in Geweben, die nicht durch einzelne, feine Blutgefäße versorgt werden, sondern durch Diffusion. Das bedeutet, die Nährstoffe sickern über eine große Oberfläche in diese Gewebesysteme ein. Zu ihnen gehören die Bindegewebsmatrix, aber auch Sehnen und Knorpel. Sie sind als Erste von einer latenten Azidose – einer Übersäuerung des Körpers – betroffen.
Bereits durch länger anhaltende, minimale Veränderungen des pH-Werts in den sauren Bereich verliert das Bindegewebe seine Fähigkeit Wasser zu binden. Es wird schlaff und unelastisch. Das Resultat ist gut sichtbar: Cellulite, die Orangenhaut. Mit ihr haben zahlreiche Frauen zu kämpfen.
Auch viele chronische Schmerzzustände im Bereich der Bandscheiben und Kniegelenke, die wir als unabänderliche Alterserscheinungen hinnehmen, sind auf eine latente Übersäuerung zurückzuführen. Der Knorpel verliert seine Elastizität und nutzt sich leichter ab.
Stressbedingte Verspannungszustände im Bereich der Nackenmuskulatur können chronische Kopfschmerzen auslösen. Neben schlechter Haltung ist vor allem eine Verhärtung einzelner Muskelfasern dafür verantwortlich. Auch sie wird durch latente Übersäuerung ausgelöst.

➤ Sodbrennen – ein Zeichen von latenter Übersäuerung?

Viele Menschen leiden unter Sodbrennen, einem Zustand, bei dem die Magensäure in die ungeschützte Speiseröhre aufsteigt. Häufig wird dieses Zuviel an Magensäure durch ständigen Stress, hektisches Essen, Alkohol- und Nikotinkonsum verursacht. Sodbrennen ist aber kein Zeichen für eine Übersäuerung des Organismus. Magen und Darm bilden einen geschlossenen Kreislauf. Die für die Verdauung wichtige Magensäure wird bereits kurz nach dem Magen im Zwölffingerdarm neutralisiert. Wenn es in der Speiseröhre brennt oder Sie regelmäßig Magenschmerzen haben, sollten Sie unbedingt einen Arzt aufsuchen.

Hungernde Zellen lassen Sie alt aussehen

Jede Zelle ist nur so gut mit Nährstoffen versorgt, wie es das umgebende Bindegewebe zulässt. Ist die Durchlässigkeit des Bindegewebes gestört, „hungern" die Zellen und erfüllen ihre Aufgaben nur mangelhaft. Aber auch die Bildung neuer, gesunder Zellen wird beeinträchtigt. Deutlich sichtbar wird dies an der Haut. Ständig entstehen im Unterhautgewebe junge, straffe Zellen. Sie wandern an die Hautoberfläche und alte, von der Umwelt belastete Hautzellen werden abgestoßen. Unterversorgte neue Hautzellen sind weniger widerstandsfähig und können ihre Schutzfunktion nicht optimal erfüllen. Die Haut wird dünn, kann weniger Feuchtigkeit einlagern und wird anfälliger für Falten.

Abnehmen und Fett verbrennen – Vorsicht Säurefalle!

Wenn im Körper das große Reinemachen beginnt, dann meist mit dem Ziel ordentlich abzuspecken. Mittlerweile hat es sich herumgesprochen: Abnehmen ohne Bewegung funktioniert nicht! So weit, so gut – und richtig! Auf dem Weg zum ranken, schlanken Körper lauern jedoch einige Säurefallen.
Wer von 0 auf 100 durchstartet und dabei seinem Körper eine eiweißbetonte Crash-Diät zumutet, tritt eine Lawine der Übersäuerung los. Der Körper holt sich die Energie aus den Muskeln und die Fettdepots bleiben zunächst unangetastet. Zusätzlich werden durch den Eiweißabbau vermehrt Säuren gebildet.
Bei latenter Übersäuerung können jedoch gezielte Übungen zum Muskelaufbau nicht greifen. Im Gegenteil, es kommt zu einem erhöhten Abbau der Muskulatur, da Stickstoff liefernde Aminosäuren aus den Muskeln als Puffer herangezogen werden müssen.
Damit nicht genug: Untrainierte Muskeln sind schlecht durchblutet. Sie bekommen zu wenig Sauerstoff. Dieser ist aber für die rückstandsfreie Energiegewinnung in der Zelle notwendig. Werden untrainierte Muskeln überfordert, findet die Energiegewinnung ohne Sauerstoff statt. Dabei entsteht Milchsäure. Spürbares Zeichen für diese Übersäuerung: Muskelkater.

➤ Richtig ernährt und maßvoll trainiert – so halten Muskeln schlank

Mit einem gesunden Bindegewebe und einem maßgeschneiderten Bewegungstraining verschwinden lästige Kilos.
Fangen Sie langsam an und weiten Sie das Training nach und nach aus. Mehr Muskeln verbrauchen mehr Kalorien. Gut trainiert, können Sie auch mit 1700 kcal pro Tag langfristig abnehmen. Durch die verbesserte Durchblutung gelangen die Botenstoffe für den Fettabbau an die Zelle. Essen Sie sehr viel Obst und Gemüse. Nur so wird die Säurebildung aus dem Fettabbau ausgeglichen.

Guten Appetit! Essen mit dem Basen-Plus

Eines ist klar, und daran darf auch nicht gerüttelt werden, nicht von allen Säuren dieser Welt: Essen muss erstens gut, zweitens köstlich und drittens hervorragend schmecken. Sind diese Grundvoraussetzungen erfüllt, können wir mit einem wohligen Gefühl im Magen der Frage nachgehen: Warum haben wir uns mit diesem dreigängigen Menü ins Basen-Plus geschlemmt?

> Feldsalat mit Avocado und Limetten-Dressing
>
> Lammsteaks mit Kräuter-Oliven-Butter, gebratenen Zucchini und Kartoffelrösti
>
> Sahniges Brombeer-Eis mit Pfirsich-Himbeer-Salat

Die Antwort fällt sehr einfach aus: Das ganze Menü enthält nur zwei Lebensmittel, die säurebildend wirken – Lammsteaks und Sahne. Ansonsten kommen nur Gemüse, Kartoffeln, Kräuter und Früchte mit reichlich Basen-Power auf den Tisch. Das reicht völlig aus, um die Säurebildung aus einer guten Portion Fleisch (150 g) und etwas Sahne auszugleichen und darüber hinaus ein Basen-Plus zu erzielen. Die Butter und das Öl? Öl ist neutral und Butter nur minimal säurebildend, so dass kleine Mengen davon keinen Einfluss haben. (Ganz genau können Sie das mit unserer Tabelle auf S. 20/21 berechnen).

Richtig kombinieren, schlau genießen

Wir brauchen sie alle: Kohlenhydrate, Fett und Eiweiß. Es wäre kurzsichtig und der Gesundheit sicher nicht zuträglich, einen der Hauptnährstoffe zu verteufeln. Alle miteinander sind der natürliche Treibstoff für unseren Organismus – allerdings in den richtigen Mengenverhältnissen und in der passenden Qualität. Was sich auf den ersten Blick wie die höhere Mathematik der Ernährung anhört, entpuppt sich auf dem Teller als ein Essen, das vor allem durch eine ungeheure Frische überzeugt.

Gemüse und Obst sind die Basenbildner

Sie sind richtige Powerstoffe. Gemüse und Obst kommen üppig und zu jeder Mahlzeit auf den Tisch, werden auch zwischendurch als Snack verspeist oder als Drink verschluckt.
Sie sind die unangefochtenen Hauptdarsteller in dem Erfolgsstück „So halte ich die Säure-Basen-Balance" und treten mit wechselnden Partnern auf. Wie sich das Stück entwickelt, bestimmen Sie und Ihr Appetit. Eines steht jedoch schon im Drehbuch: Dieses Essen hält sie topfit, schlank und attraktiv.
Gemüse und Obst sind die Lebensmittel mit der höchsten Nährstoffdichte. Sie liefern reichlich Vitamine, Mineralstoffe und sekundäre Pflanzenstoffe, und das alles zu einem mini-

malen Kaloriengehalt. Die unersetzlichen Mikro-Nährstoffe machen gefährliche freie Radikale unschädlich, stärken die Immunkräfte, schützen vor Zivilisationskrankheiten von Herzinfarkt bis Krebs. Vitamine helfen aber auch den Säure-Basen-Haushalt im Gleichgewicht zu halten. Sie sind an der Bildung der Enzyme beteiligt, die der Organismus braucht, um verbrauchte Basen wieder zu aktivieren.

Eiweiß braucht der Mensch

Lust auf ein saftiges Lachsfilet? Unbedingt essen! Denn der Meeresfisch versorgt nicht nur mit Eiweiß, dem Baustoff für Muskeln, Zellen und abwehrkräftesteigernde Enzyme. Fisch liefert auch gefäßschützende Omega-3-Fettsäuren, knochenstärkendes Vitamin D und Jod. Und was ist mit der Säurebildung? Die findet selbstverständlich statt! Mit der richtigen Begleitung wird sie jedoch neutralisiert und wir kommen in den reinen Genuss aller gesundheitsfördernden Vorteile des Meeresfischs. Servieren Sie den Fisch, wie auch im Süden üblich, mit einem gemischten Salat als Vorspeise, dazu knoblauchwürzigen Spinat und gebratene Kartoffeln. Keine Lust auf Kartoffeln? Dann trinken Sie einen Tomatensaft als Aperitif und essen Sie einen üppigen Obstsalat zum Dessert.

Getreide und Hülsenfrüchte – da steckt mehr Gesundheit drin

Auch Getreide und Hülsenfrüchte gehören auf Grund ihres hohen Eiweißgehalts zu den säurebildenden Lebensmitteln. 100 g Getreide, Linsen oder Bohnen bilden fast so viele Säuren wie 100 g Fisch oder Fleisch. Man sollte sich jedoch von den bloßen Zahlen nicht irreführen lassen. Es macht einen großen Unterschied, ob ich 100 g Hähnchenbrust oder 100 g getrocknete Bohnenkerne verspeise. 100 g gebratene Hähnchenbrust ist weg wie nix, und man hat das Gefühl kaum etwas gegessen zu haben. 100 g getrocknete Bohnenkerne, eingeweicht und zum Eintopf verkocht, ergeben eine stattliche Portion von fast 300 g und reichen für zwei – wobei sich dann die Säurelast pro Person halbiert. Das Gleiche gilt für 100 g Naturreis, Haferflocken oder Mehl.

Aber nicht nur die bewältigbaren Portionsgrößen sprechen dafür, den Eiweißbedarf zum großen Teil mit pflanzlichen Lebensmitteln zu decken. Getreide und Hülsenfrüchte sind hervorragende Ballaststofflieferanten. Diese unverdaulichen Kohlenhydrate schützen wirksam vor Darmkrebs, der in Europa am häufigsten vorkommenden Tumorerkrankung. Dazu sind Getreide und Hülsenfrüchte eine ausgezeichnete Quelle für die Haut und Nerven schützenden B-Vitamine, für enzymbildendes Zink und Kupfer.

Tofu & Co. – Proteine mit Basenwirkung

Sojaprodukte haben eine Sonderstellung unter den eiweißreichen Lebensmitteln. Tofu liefert so viel verwertbares Eiweiß wie ein Steak, hat aber eine leicht basenbildende Wirkung. Weiterer Vorteil von Tofu, Sojamilch und Sojajoghurt: Sie schützen vor Herzinfarkt, Brust- und Prostatakrebs. Dazu enthalten sie Phytoöstrogene, die in den Wechseljahren den Hormonspiegel natürlich ausgleichen können.

Milchprodukte und Käse – entscheiden Sie schlank!

Auch Milchprodukte und Käse zählen zu den Säurebildnern. Die Ausnahme bildet Kefir. Er ist neutral. Es gibt jedoch riesige Unterschiede zwischen der Säurelast aus Joghurt und jener aus Parmesan. Die aus 100 g Joghurt lässt sich mit 30 g Apfel neutralisieren. Für 100 g Parmesan sind jedoch mehr als 1 kg Tomaten erforderlich. Um ein realistisches Bild zu gewinnen, ist jedoch auch bei diesem Beispiel der Blick auf den Pasta-Teller gefragt.

100 g geriebener Käse pro Portion Nudeln sind nicht nur ein Säure-, sondern auch ein Fett-Hammer. Darum können Käseliebhaber aufatmen: Ein bis zwei Esslöffel geriebener Parmesan werden durch eine große Portion Gemüsesugo ausgeglichen.
Woher soll das Kalzium für die Knochen kommen? Aus Kefir, Joghurt und Buttermilch. Sie sind ausgezeichnete Lieferanten für den Knochenbaustoff und auf Grund ihrer geringen Säurebildung leicht mit Obst und Gemüse auszugleichen. Denn auch der Einbau von Kalzium in die Knochen kann optimal nur in einem leicht basischen Milieu stattfinden.
Großes Gesundheitsplus dieser Milchprodukte: Sie enthalten Milchsäurebakterien. Diese halten den Darm, das größte Organ unseres Immunsystems, gesund.

Fett wenig, aber das Beste ist gerade gut genug

Das richtige Fett, nicht zu üppig dosiert, kann viel zu Ihrer Gesundheit beitragen. Öl mit einem hohen Gehalt an einfach ungesättigten Fettsäuren und Vitamin E, wie Oliven-, Raps- oder Nussöl ist Balsam für Ihre Gefäße. Es schützt vor Herzinfarkt und Krebs. Auf die Säure-Basen-Balance wirkt Öl neutral. Auch Margarine hat keinen Einfluss darauf. Sie müssen jedoch darauf achten, dass die Margarine keine Transfettsäuren oder gehärtete Pflanzenfette enthält. Diese schaden dem Herzen und können krebserregend wirken. Bevorzugen Sie Butter – ein reines Naturprodukt –, wenn Ihr Cholesterinspiegel in Ordnung ist. Butter wirkt zwar minimal säurebildend, bei kleinen Mengen fällt das aber nicht ins Gewicht.

➤ Menü-Planung für das Basen-Plus

Stellen Sie Ihr Essen bewusst zusammen. Nach einiger Zeit werden Sie ganz selbstverständlich basensicher kombinieren. Grundsätzlich müssen Sie nur eines beachten: Essen Sie nicht mehrere starke Säurebildner auf einmal. Zum Beispiel: Fleisch mit Nudeln oder Semmelknödeln. Fisch mit Reis oder Brot.

1. Menü mit Fleisch oder Fisch

- Frucht-Milch-Mixgetränk als Aperitif
- Gemüsesuppe oder Blattsalate mit Kräuterdressing
- Fleisch /Fisch, Kartoffeln und Gemüse
- Frisches Obst oder ein Frucht-Dessert

2. Menü mit Hülsenfrüchten

- Großer gemischter Salat
- Eintopf mit Hülsenfrüchten und Gemüse, dazu Naturjoghurt oder wenig geriebener Käse
- Beerensalat, Kompott, Obstkuchen

3. Menü mit Nudeln

- Salat oder frisch gepresster Saft
- Gemüsecremesuppe oder klare Suppe mit Tofu
- Pasta mit Tomaten-Pilz-Sugo, geriebener Käse
- Fruchteis, Quarkcreme mit Beeren

4. Menü mit Reis oder anderem Getreide

- Sprossen-Salat
- Marinierter, gebratener Tofu mit Kräuter-Pilaw und Wok-Gemüse
- Frische Früchte

Latente Übersäuerung – sind Sie gefährdet?

Gemüse, roh und gekocht esse ich mehrmals täglich	ja ○	nein ×
Ich leide an Muskelverspannungen	ja ×	nein ○
Zum Dessert esse ich häufig Cremespeisen	ja ×	nein ○
Ich habe oft Kopfweh	ja ×	nein ○
Zwischendurch gibt es Wurst- oder Käsebrötchen	ja ×	nein ○
Ich trinke regelmäßig Obst- und Gemüsesäfte	ja ○	nein ×
Ich habe einen erhöhten Cholesterinspiegel	ja ×	nein ○
Zu meinen Leibspeisen gehören auch vegetarische Hauptgerichte	ja ○	nein ×
Wachen Sie nachts mit Muskelkrämpfen auf	ja ×	nein ○
Zum Frühstück gibt es meist Brot/Brötchen mit Marmelade oder Honig	ja ×	nein ○
Ich wache häufig mit verquollenen Augen auf	ja ×	nein ○
Zwischendurch gibt es Trockenfrüchte	ja ○	nein ×
Ich esse gern einen großen Salat als Hauptgericht	ja ○	nein ×
Fast Food: Burger, Pizza, Kebab gibt es häufig	ja ×	nein ○
Ich bin oft schlapp und müde	ja ×	nein ○
Ich esse höchstens 1 Stück Obst pro Tag	ja ×	nein ○
Ich treibe 2 – 3-mal pro Woche Sport	ja ○	nein ×
Zwischendurch knabbere ich rohes Gemüse	ja ○	nein ×
Essen ohne Fleisch schmeckt mir nicht	ja ×	nein ○
Ich gleiche üppige Tage durch Suppe-, Salat- oder Obsttage aus	ja ○	nein ×
Ich erwische fast jeden Schnupfen	ja ×	nein ○
Ich esse fast jeden Tag Wurst	ja ×	nein ○
Ich habe/hatte Nierensteine	ja ×	nein ○
Ich habe Cellulite	ja ×	nein ○
Zum Frühstück trinke ich gern Orangensaft	ja ○	nein ×
Meine Kondition lässt zu wünschen übrig	ja ×	nein ○
Ich habe schon einige Diäten hinter mir	ja ×	nein ○
Zwischendurch nasche ich Süßigkeiten	ja ×	nein ○
Ich kenne den Säure-Basen-Gehalt von Lebensmitteln	ja ○	nein ×
Wenn ich viel Fleisch gegessen habe, lege ich Gemüsemahlzeiten ein	ja ○	nein ×
Ich habe öfters Verstopfung	ja ×	nein ○
Abends sehe ich beim Autofahren schlechter	ja ×	nein ○
Oft reicht es nur für ein schnell gebratenes Stück Fleisch, Nudeln oder Pommes	ja ×	nein ○
Ich bin ständig gestresst	ja ×	nein ○
Beim Fernsehen knabbere ich Salzgebäck	ja ×	nein ○
Fruchtjoghurt, Milch-Mixgetränke gibt es zur Erfrischung zwischendurch	ja ○	nein ×
Ich trinke viel grünen Tee und Kräutertees	ja ○	nein ×
Meine Haut ist schlecht durchblutet und ich bin blass	ja ×	nein ○

Geben Sie sich für jede ○ eine 5 und für jedes × eine 2. Das Testergebnis finden Sie auf S. 124.

Jeden Tag ins Basen-Plus

Eine langfristige Ess-Strategie

Der Säure-Basen-Haushalt kann nicht durch kurzfristige Entschlackungskuren im Gleichgewicht gehalten werden. Nur eine genussvolle Langzeit-Therapie, die dauerhafte Umstellung der Essgewohnheiten sichert eine optimale Versorgung des Bindegewebes und wirkt einer latenten Übersäuerung entgegen. Am besten, Sie fangen jeden Tag schon beim Frühstück damit an! Der Erfolg lässt nicht lange auf sich warten. Sie fühlen sich leicht und energiegeladen. Sie sehen frischer aus, die Haut gewinnt an Spannkraft und Sie stärken Ihre Gesundheit nachhaltig.

Frisches – schon zum Frühstück

Reichlich Beeren, frische Frucht und Trockenfrüchte ins Müsli. Frisch gepressten Orangensaft, Radieschen- und Schnittlauchbrot zum weich gekochten Ei. Tomate und Paprika zum Vollkorn-Käse-Brötchen. Damit legen Sie einen guten Start in den Tag hin.

Salat zu jeder Mahlzeit

Alles kommt in die große Salatschüssel: Gemüse, Blattsalate, Früchte und viele Kräuter. Besonders zarte Salatblättchen wie Rucola oder Feldsalat und Kräuter punkten mit viel Basenpower. Wenn Sie abends eingeladen sind, schaffen Sie mittags mit einer großen Portion Salat als Hauptgericht eine gute Basenunterlage.

Gemüsesuppe als Vor- oder Hauptspeise

Große Portionen Gemüsesuppe machen satt, schlank und sind eine Freude für den Säure-Basen-Haushalt.

Lust auf Fleisch oder Fisch? So bleiben Sie im Basen-Plus

Essen Sie zu Fleisch oder Fisch bevorzugt Kartoffeln als Beilage. Die tollen Knollen erzeugen bei ihrem Abbau in körpergerechte Nahrungsbausteine und Energie einen deutlichen Basenüberschuss (200 g Kartoffeln gleichen die Basenbildung aus 100 g magerem Rindfleisch aus). Die Kartoffeln allein reichen aber nicht aus, um bei einem Menü mit einer guten Portion (150 g) Fleisch oder Fisch einen Basenüberschuss zu erzielen. Sie brauchen dazu auch noch Gemüse und/oder Salat. Das ist im Grunde kein Problem, sondern die Anleitung zu einem köstlichen Essen. Wenn Sie zum Rindfleisch mit Kartoffeln auch noch 150 g Karottengemüse und einen großen Salat mit Rucola, Tomaten und Fenchel essen, landen Sie im Basen-Plus.

Nudeln sind mein Leibgericht

Guten Appetit! Nudeln schmecken köstlich, (fast) jeden Tag, sind schnell und einfach zubereitet. Allerdings gehören diese wunderbaren Pasta-Kreationen von den schlanken Spaghetti bis zu den üppigen Penne zu den Säure bildenden Lebensmitteln. Was tun? Verzichten? Unmöglich und unnötig! Kombinieren Sie Nudeln und sämtliche anderen Getreideprodukte mit üppigen Gemüseportionen und viel Tomatensauce. Besonders Spinat trägt viel zur Basenbildung bei, aber auch Rucola und Basilikum. Bestreuen Sie die Pasta stets mit reichlich frischen, fein gehackten Kräutern. Wenn Sie pro Person 100 g Nudeln (roh) auftischen wollen, und das ist eine große Portion, dann brauchen Sie dazu z.B. pro Person eine Sauce aus 250 g Tomaten, 100 g Zucchini, 100 g Paprika und 2 EL gehackter Petersilie, um ins Basen-Plus zu kommen. Dazu kann sogar noch 1 EL (10 g) frisch geriebener Parmesan gegessen werden. Sämtliche Pasta-Rezepte in diesem Buch tragen zur Basenbildung bei.

Gemüse und Obst als Snack

Bauen Sie zweimal pro Tag einen Grünzeug-Snack ein, vom Apfel bis zum Zucchino. So füllen Sie zwischendurch Ihr Basenkonto und tun gleichzeitig etwas für die schlanke Linie.

Trockenfrüchte mit Ausgleich-Power

Trockenfrüchte haben eine ungeheure basenbildende Power. So können z.B. 100 g getrocknete Feigen die Säurebildung aus einer Portion (150 g) Fisch oder Fleisch ausgleichen. Legen Sie sich einen Vorrat an Trockenfrüchten an: Aprikosen, Rosinen, Datteln, Pflaumen, aber auch Mango und besonders köstlich getrocknete Sauerkirschen. Knabbern Sie das Trockenobst zwischendurch, wenn der Appetit auf Süßes zuschlägt. Sie tun sich doppelt und dreifach Gutes. Denn diese Dörr-Früchtchen sind auch wahre Schätze an notwendigen Mineralstoffen, wie Magnesium und Kalium. Aprikosen z.B. verwöhnen mit einer hohen Konzentration an Eisen, von dem Frauen besonders viel brauchen. Kaufen Sie ungeschwefelte Produkte.

Fruchtiges zum Dessert

Essen Sie, wie auch im Süden üblich, einfach frisches Obst zum Dessert: Mangos, Pfirsiche, Ananas, Birnen – die Auswahl ist riesig. So bekommen Sie am Ende der Mahlzeit noch einen Basenkick. Wählen Sie auch Desserts mit hohem Fruchtanteil wie Erdbeereis, Zwetschgenmus oder Melonensalat.

Säfte sind Basen schlückchenweise

Naturreine Säfte, am besten frisch gepresst, versorgen Sie mit einem Basenüberschuss. Besonders Möhren- und Rote-Bete-Saft erhöhen das Basenkonto kräftig. Aber auch alle anderen Gemüse, Frucht- und Beerensäfte wirken. Großer Vorteil: Sie sind dabei auch mit Vitalstoffen gut versorgt. Trinken Sie Säfte auch als Aperitif, statt einer Suppe oder Vorspeise.

Ein Säure-Basen-Konto für den ganzen Tag

Sie sind zu einem Festmenü eingeladen, bei dem zu jedem Gang Fleisch oder Fisch serviert wird? Sie haben Appetit auf ein Steak oder Leberwurst? Sie sind unterwegs, fallen vor Hunger fast in Ohnmacht und es gibt nur einen Kebab-Stand? Manchmal werden Sie es nicht schaffen, dass mit jeder Mahlzeit der Sprung ins Basen-Plus klappt. Kein Grund zur Panik! Genießen Sie Menü, Steak, Leberwurst und Kebap. Wenn Sie Ihr Säure-Basen-Konto über den ganzen Tag berechnen, haben Sie die Chance zum Ausgleich, so oft Sie etwas essen, trinken oder zwischendurch naschen.

Berechnen Sie Ihr Säure-Basen-Konto

Sie können Ihre Säure-Basen-Bilanz für einzelne Mahlzeiten feststellen oder für einen ganzen Tag. Zum Beginn der Ernährungsumstellung sollten Sie diese kleine Rechnung regelmäßig durchführen. Dann bekommen Sie bald ein gutes Gefühl für eine basensichere Zusammenstellung des Essens.
Und so funktioniert es: Berechnen Sie für jedes Lebensmittel die entsprechenden Basen- oder Säurepunkte. Zählen Sie alle Basen- und alle Säurepunkte zusammen. Ziehen Sie die Summe der Säurepunkte von der Summe der Basenpunkte ab. Ist das Ergebnis positiv, sind Sie im sicheren, basenbildenden Bereich und je höher die Punktezahl ist, umso besser. Steht jedoch ein Minus vor dem Endergebnis, so ist ihr Essen säurebildend.

Die Säure- und Basenpunkte gelten jeweils für 100 g des betreffenden Lebensmittels oder Getränks.
BP = Basenpunkte
SP = Säurepunkte

GEMÜSE	BP	SP
Auberginen	5	
Blumenkohl	7	
Brokkoli	2	
Chicorée	3	
Eisbergsalat	3	
Essiggurken	3	
Feldsalat	8	
Fenchel	13	
Grünkohl	13	
Gurke	1	
Grüne Bohnen	5	
Karotten	7	
Kartoffeln	7	
Knoblauch	3	
Kohlrabi	10	
Kopfsalat	5	
Lauch	3	
Paprika	2	
Pilze	2	
Radieschen	7	
Rosenkohl	8	
Rucola	13	
Sauerkraut	5	
Wurzelsellerie	8	
Spargel	1	
Spinat	29	
Tomate	5	
Zucchini	8	
Zwiebel	3	

KRÄUTER	BP	SP
Petersilie	20	
Basilikum	12	
Schnittlauch	8	

OBST	BP	SP
Ananas	5	
Äpfel	3	
Aprikosen	8	
Bananen	10	
Birnen	5	
Erdbeeren	3	
Feigen, getrocknet	30	
Grapefruit	7	
Kiwi	7	
Kirschen	7	

	BP	SP
Mango	5	
Melone	3	
Orangen	5	
Pfirsiche	3	
Rosinen	35	
Schwarze Johannisbeeren	11	
Trauben	7	
Zitronen	5	

FRUCHT- UND GEMÜSESÄFTE

	BP	SP
Apfelsaft	3	
Grapefruitsaft	1	
Orangensaft	5	
Traubensaft	1	
Zitronensaft	3	
Möhrensaft	7	
Rote-Bete-Saft	7	
Tomatensaft	7	

SOJAPRODUKTE

	BP	SP
Sojabohnen	5	
Sojamilch	1	
Sojajoghurt	1	
Tofu	1	

TEIGWAREN

	BP	SP
(Vollkorn-) Nudeln		– 11
Spätzle		– 15

BROT

	BP	SP
Vollkornbrot		– 8
Roggen(misch(brot)		– 7
Weißbrot		– 7

GETREIDE

	BP	SP
Amaranth		– 13
Cornflakes		– 20
Dinkel		– 14
Grünkern		– 15
Haferflocken		– 17
Hirse		– 15
Mais		– 7
Reis, weiß		– 7
Reis, weiß gekocht		– 3
Reis, Vollkorn		– 22
Reis, Vollkorn gekocht		– 9
Roggenmehl		– 7
Roggenvollkornmehl		– 10

	BP	SP
Weizenmehl		– 11
Weizenvollkornmehl		– 13

HÜLSENFRÜCHTE

	BP	SP
Erbsen		– 1
Linsen		– 7

MILCHPRODUKTE

	BP	SP
Buttermilch		– 1
Kefir		neutral
Milch		– 1
Molke	3	
Naturjoghurt		– 3
Quark		– 18
Sahne		– 1

KÄSE

	BP	SP
Butterkäse (50 %)		– 21
Camembert		– 25
Edamer		– 33
Gouda		– 31
Hartkäse		– 31
Hüttenkäse		– 15
Parmesan		– 57
Schmelzkäse		– 48

FLEISCH UND WURST

	BP	SP
Ente		– 18
Gans		– 21
Hühnerfleisch		– 15
Kalbfleisch		– 15
Lammfleisch		– 13
Leber		– 25
Rindfleisch		– 13
Schweinefleisch		– 13
Pute		– 17
Fleisch-Schinken-Wurst		– 11
Hot-dog-Würstchen		– 14
Leberwurst		– 18
Salami		– 20

FISCH UND MEERESFRÜCHTE

	BP	SP
Forelle		– 18
Heilbutt		– 13
Hering		– 11
Kabeljau		– 11
Karpfen		– 13
Krabben		– 27

	BP	SP
Lachs		– 15
Matjesheringe		– 13
Miesmuscheln		– 15
Rotbarsch		– 17
Sardinen (Dose in Öl)		– 23
Seezunge		– 11
Zander		– 11

FETTE UND ÖL

	BP	SP
Butter		– 1
Öl		neutral
Margarine	1	

NÜSSE

	BP	SP
Erdnüsse		– 13
Haselnüsse	5	
Mandeln		– 7
Walnüsse		– 11

TEE UND KAFFEE

	BP	SP
Kaffee	1	
Grüner Tee		neutral
Kräutertee		neutral
Schwarzer Tee		neutral

ALKOHOLFREIE GETRÄNKE

	BP	SP
Mineralwasser	3	
Wasser		neutral
Cola	1	

ALKOHOLISCHE GETRÄNKE

	BP	SP
Bier		– 1
Wein trocken	1	

ESSIG

	BP	SP
Apfelessig	3	
Weinessig	3	
Balsamico	3	

SÜSSES

	BP	SP
Honig	1	
Zucker		neutral
Bittere Schokolade		– 1
Fruchteis mit Sahne	1	
Vanilleeis		– 1
Marmelade	3	
Milchschokolade		– 3
Nuss-Nougat-Creme	1	

Säure-Basen-Balance – das interessiert mich auch

Macht Kaffee und Tee sauer?

Auch wenn es Sie überrascht: Kaffee wirkt basenbildend und Tee neutral. Allerdings können Kaffee und schwarzer Tee im Übermaß genossen zu einer lokalen Übersäuerung des Magens führen. Diese hat jedoch nichts mit einer latenten Übersäuerung des Organismus zu tun. Trinken Sie nicht mehr als 2 Tassen Kaffee pro Tag. Sanft anregend und dabei nicht aufregend wirkt grüner Tee. Schon 2 – 3 Tassen täglich schützen nachweislich vor Krebs.

Ich esse in der Kantine. Wie kann ich einer Übersäuerung vorbeugen?

Essen Sie täglich Salat, auch ab und zu als Hauptgericht. Wenn es Fleisch oder Fisch gibt, wählen Sie als Beilage Kartoffeln oder eine doppelte Portion Gemüse. Fleisch als Hauptgericht und in der Suppe Leberknödel? Suppe ausfallen lassen und dafür zum Dessert einen Fruchtjoghurt oder Obst essen. Stellen Sie das Essen selbst zusammen: Salat, verschiedene Gemüse, eine leckere Sauce, zum Sattwerden Nudeln oder ein Getreide und als Dessert etwas Fruchtiges.

Kann der pH-Wert gemessen werden?

Der Blut-pH-Wert muss vom Arzt gemessen werden. Er verändert sich jedoch nur bei schwersten Erkrankungen. Den pH-Wert des Urins können Sie selbst messen. (Mess-Streifen gibt es in jeder Apotheke). Aber der pH-Wert des Urins schwankt im Tagesverlauf normalerweise zwischen sauer und basisch. Ein saurer Harn zeigt nur, dass viele H+-Protonen ausgeschieden werden, um den Körper im Gleichgewicht zu halten. Dies ist jedoch kein Zeichen einer Übersäuerung.

Verliert Gemüse und Obst beim Kochen seine basenbildende Wirkung?

Garen im Wasserdampf, Dünsten im eigenen Saft, unter Rühren braten im Wok – schonende Kochmethoden und minimale Garzeiten erhalten Vitamine, Mineralstoffe und bioaktive Pflanzenstoffe. Dadurch wird die basenbildende Wirkung von Gemüse und Obst gesichert. Auch das hilft Vitamine und Mineralstoffe erhalten: Gemüse nur kurz waschen und erst dann zerkleinern. Wurzelgemüse abbürsten und nicht schälen. Frisch gepresste Säfte und Salate gleich verzehren.

Ist eine basenbetonte Ernährung auch für Kinder sinnvoll?

Ein Drittel unserer Kinder ist zu dick, Tendenz steigend! Kinder können nicht genug Obst und Gemüse essen. Es hat wenig Kalorien und liefert Vitamine und Mineralstoffe, die für das Wachstum notwendig sind. Durch einen geringen Fleisch- und Wurstverzehr bleibt auch der Fettanteil in vernünftigen Grenzen. Trotzdem ist die Eiweißversorgung durch fettarme Milchprodukte, Hülsenfrüchte und Getreideprodukte gesichert. Keine Sorge, Kinder lieben Gemüse!

Bessert sich Cellulite durch eine basenbildende Ernährung?

Schäden im Bindegewebe, die sich über Jahre entwickelt haben, verschwinden nicht über Nacht. Eine langfristige Ernährungsumstellung mit dem Basen-Plus regeneriert Zellen und Bindegewebe. Nach 40 sollten Sie diesen Regenerationsprozess durch den Verzehr von Sojaprodukten unterstützen. Diese enthalten die verjüngenden Isoflavone. Sie fördern den Aufbau von gesunden Kollagenen. Auch dadurch strafft sich das Bindegewebe und die Haut.

Ich decke meinen Vitamin-C-Bedarf hauptsächlich mit Zitrusfrüchten. Werde ich übersäuert?

Herzlichen Glückwunsch! Zitrusfrüchte wirken basenbildend, obwohl sie sauer schmecken. Vitamin C ist wichtig zur Stärkung des Immunsystems, besonders in Grippezeiten. Aber auch Ihr Bindegewebe dankt es Ihnen. Vitamin C hilft beim Aufbau von elastischem Kollagen und verzögert den Alterungsprozess der Haut. Es wirkt von innen und hilft darum nachhaltiger als Creme.

Kann man latente Übersäuerung messen?

Das Risiko der latenten Azidose und der damit verbundene Knochenabbau kann durch die vermehrte Ausscheidung von Kalzium über die Niere, also im Harn gemessen werden. Um die Kalziumausscheidung zu messen, wird der Harn über 24 Stunden gesammelt. Gleichzeitig wird ein genaues Tagesprotokoll der aufgenommenen Lebensmittel erstellt. Diese Analyse kann nur in einem spezialisierten Labor vorgenommen werden. Bei einer Urin/Kalziumausscheidung von mehr als 5,0 mmol/24 Stunden besteht die Gefahr, dass sich Nierensteine bilden.

Bei mir wurde eine Vorstufe von Osteoporose – Osteopenie festgestellt. Hilft eine Ernährungsumstellung?

Ist die Osteopenie durch ein Röntgenbild festgestellt worden, sollte auf jeden Fall eine ergänzende Knochendichtemessung durchgeführt werden. Eine Basen-Plus-Ernährung in Verbindung mit einer Erhöhung der Kalziumzufuhr auf 1500 mg pro Tag hilft, den Knochen wieder zu stabilisieren. In den Wechseljahren sind auch Sojaprodukte empfehlenswert. Sie enthalten Phytoöstrogene, welche den Kalziumeinbau fördern.

Die Rezepte – mit **Genuss** ins Gleichgewicht

Zanderfilet mit Asia-Gemüse, Hähnchenkeule mit grünen Bohnen und Kirschen-Gratin: Was haben diese Rezepte gemeinsam? Etwas ganz Entscheidendes für Ihre Gesundheit: In jedem Gericht überwiegen die basenbildenden Zutaten.

Beeren-Müsli oder Schinken-Toast mit Karottensaft schon morgens zum Frühstück wird abwechslungsreich aufgetischt. Mittags verwöhnen Sie sich mit herzhafter Pasta und dazu den Fenchel-Paprika-Tomaten-Salat, davor die Hähnchen-Lauch-Pastete und danach ein Ananas-Bananen-Gratin. Zum Nachmittagskaffee duftet der Aprikosenstrudel verführerisch – für jeden Appetit und jede Gelegenheit finden Sie ein schnell und einfach zubereitetes Rezept. So wird die Umstellung der Ernährung auf basensicher zu einer köstlichen Angelegenheit – von der Sie nicht genug kriegen können. Keine Sorge – die Rezepte sind auch kalorienbewusst und leicht.

Harmony-Gemüse-Drink

FÜR 2 PERSONEN
500 g Karotten
1 Rote Bete
100 g Sellerie
2 EL Zitronensaft
1/2 TL frischer, gehackter Ingwer
1 TL Rapsöl

ZUBEREITUNG: ca. 15 Min.

1. Die Karotten waschen, putzen und in Stücke schneiden.

2. Die Rote Bete und den Sellerie schälen und in Stücke schneiden.

3. Karotten, Rote Bete und Sellerie mit dem Entsafter zu Saft verarbeiten.

4. Den Gemüsesaft mit Zitronensaft, Ingwer und Rapsöl vermischen.

DRINK MIT BASEN-POWER

Als Aperitif, zum Essen oder zwischendurch genossen, trägt dieses vitaminreiche Schlückchen zur Basenbildung bei.

KEINE ZEIT?

Wenn es schnell gehen muss oder Sie keinen Entsafter haben, dann wird der Gemüse-Drink mit Karotten- und Rote-Bete-Saft aus der Flasche gemixt. Achten Sie aber darauf, dass der Saft naturrein ist.

Nährwerte pro Portion:

95 kcal • **3 g** Eiweiß • **3 g** Fett • **14 g** Kohlenhydrate

Mango-Eis-Tee

FÜR 2 PERSONEN
1 Bio-Zitrone
300 ml Wasser
2 TL grüner Tee
1 EL Honig
3 Orangen
1 reife Mango
1 TL frischer, gehackter Ingwer
6 Eiswürfel

ZUBEREITUNG: ca. 10 Min.
KÜHLZEIT: ca. 30 Min.

1. Die Schale der halben Bio-Zitrone abschneiden und in feine Streifen schneiden.

2. Das Wasser mit der Zitronenschale aufkochen und zwei Min. köcheln.

3. Den Tee mit dem Zitronenwasser aufgießen und 3 Min. ziehen lassen. Den Tee abgießen, mit dem Honig vermischen und abkühlen lassen.

4. Die Zitrone und die Orangen auspressen. Die Mango schälen. Das Fruchtfleisch vom Kern schneiden und klein würfeln.

5. Den kalten Tee, Orangen- und Zitronensaft, Mangostückchen und Ingwer vermischen.

6. Den Mango-Eis-Tee auf Eiswürfeln servieren.

NICHT NUR IM SOMMER

Auch im bitterkalten Winter schmeckt dieses köstliche Getränk – allerdings herz- und magenerwärmend heiß. Dafür wird die fertige Mango-Tee-Mischung nochmals kurz erhitzt. Wer mag, gibt auch noch einen Schuss Rum in die Teetasse.

Nährwerte pro Portion:

140 kcal • **1 g** Eiweiß • **1 g** Fett • **29 g** Kohlenhydrate

Bananen-Kiwi-Drink

FÜR 2 GLÄSER
1 Banane
2 Kiwis
5 Orangen
ZUBEREITUNG: ca. 10 Min.

1. Die Banane schälen und in Scheiben schneiden. Die Haut der Kiwis dünn abschneiden und das Fruchtfleisch in kleine Stücke schneiden. Die Orangen auspressen.
2. Die Bananen- und Kiwi-Stückchen mit dem Orangensaft im Mixer oder mit dem Zauberstab fein pürieren.

FLÜSSIGER SNACK

Dieser Fruchtdrink wirkt basenbildend und schmeckt als flüssige Zwischenmahlzeit oder vermischt mit 1 EL Haferflocken als Trink-Frühstück. Probieren Sie auch die Kombination von Banane, Melone und Orangensaft.

Nährwerte pro Portion:

150 kcal • **2 g** Eiweiß • **1 g** Fett • **31 g** Kohlenhydrate

Tomatensaft mit Kräutern

FÜR 1 GLAS
300 g reife Tomaten
1 TL Zitronensaft
1 EL fein geschnittenes Basilikum
1 TL gehackte Minze
Salz, Chilipulver
ZUBEREITUNG: ca. 5 Min.

1. Die Tomaten waschen und die Stielansätze entfernen. Das Fruchtfleisch in Stücke schneiden.
2. Die Tomatenstücke mit dem Zauberstab fein pürieren und durch ein Sieb streichen.
3. Tomatensaft mit Zitronensaft, Basilikum und Minze vermischen. Mit Salz und Chili würzen.

STATT SUPPE

Im Sommer wird dieser würzige Drink auch als basenbildende Vorspeise serviert. Dazu stärkt er mit Lycopin das Immunsystem und schützt vor Krebs.

Nährwerte pro Portion:

30 kcal • **1 g** Eiweiß • **0 g** Fett • **5 g** Kohlenhydrate

Orangen-Kefir-Drink

FÜR 2 GLÄSER
3 Orangen
200 g Kefir
2 TL Honig
250 ml kaltes Mineralwasser
ZUBEREITUNG: ca. 5 Min.

1. Die Orangen auspressen.

2. Mit dem Handmixer den Orangensaft mit Kefir, Honig und Mineralwasser zu einem schäumenden Drink vermischen.

3. Den Drink sofort servieren.

NEUTRALES EIWEISS

Im Stoffwechsel wirkt Kefir neutral, also weder säure- noch basenbildend. Kefir ist darum ideal, um den Speiseplan mit gut verwertbarem Eiweiß, schützenden Milchsäurebakterien und Kalzium zu bereichern.

Nährwerte pro Portion:

150 kcal • **4 g** Eiweiß • **4 g** Fett • **23 g** Kohlenhydrate

Himbeer-Buttermilch

FÜR 2 GLÄSER
200 g Himbeeren (ersatzweise tiefgekühlt)
300 ml Buttermilch
1 TL Honig
ZUBEREITUNG: ca. 5 Min.

1. Die Himbeeren verlesen, vorsichtig abbrausen und abtropfen lassen (tiefgekühlte Himbeeren auftauen lassen).

2. Mit dem Zauberstab die Himbeeren, die Buttermilch und den Honig fein pürieren.

3. Die Himbeer-Buttermilch durch ein Sieb streichen.

TOLLES MILCHPRODUKT

Buttermilch enthält reichlich gut verwertbares Eiweiß und wirkt nur minimal säurebildend. In Kombination mit Beeren und Früchten schlägt das Pendel dann deutlich auf die Basenseite. Das Gleiche gilt auch für Joghurt.

Nährwerte pro Portion:

65 kcal • **4 g** Eiweiß • **1 g** Fett • **9 g** Kohlenhydrate

Erdbeer-Nuss-Müsli

FÜR 1 PERSON

3 EL Haferflocken
3 EL Wasser
1 EL Rosinen
200 g Erdbeeren (ersatzweise tiefgekühlt)
150 g Joghurt
1 TL Honig
2 TL gehackte Haselnüsse

ZUBEREITUNG: ca. 5 Min.
QUELLZEIT: ca. 15 Min.

1. Die Haferflocken mit 3 EL Wasser vermischen und 15 Min. quellen lassen.
2. Die Rosinen grob hacken. Die Erdbeeren verlesen, vorsichtig abbrausen und abtropfen lassen (tiefgekühlte Erdbeeren auftauen lassen).
3. 100 g Erdbeeren in Stücke schneiden und mit dem Zauberstab pürieren.
4. Das Erdbeerpüree mit Joghurt und Honig glatt rühren.
5. Die eingeweichten Haferflocken, Erdbeerjoghurt, Erdbeeren und Rosinen vermischen. Das Müsli mit den gehackten Haselnüssen bestreuen.

GRUNDREZEPT

Bereiten Sie Ihr Müsli nach dieser Faustregel zu, dann bleiben Sie im basenbildenden Bereich:
3 EL Getreideflocken, 150 g Joghurt, 200 g Früchte oder Beeren, 1 EL Rosinen, 1 TL Honig und 2 TL gehackte Haselnüsse

Nährwerte pro Portion:

420 kcal • **14 g** Eiweiß • **14 g** Fett • **58 g** Kohlenhydrate

Apfel-Porridge

FÜR 1 PERSON

30 g Haferschrot (am besten frisch geschrotet)
100 ml Sojamilch
100 ml Wasser
1 Prise Zimt
1 Apfel
1 Orange
1 EL Rosinen
1 TL Honig
2 TL gehackte Haselnüsse

ZUBEREITUNG: ca. 15 Min.

1. In einem beschichteten Topf den Haferschrot anrösten. Die Sojamilch, das Wasser und den Zimt untermischen. Den Porridge 8 Min. köcheln. Dabei ab und zu umrühren.
2. Den Apfel waschen, vom Stielansatz und vom Kerngehäuse befreien. Den halben Apfel in feine Schnitze schneiden. Die andere Hälfte schälen und grob raspeln. Die Orange auspressen.
3. Den geraspelten Apfel, die Rosinen und den Honig mit dem Porridge vermischen und kurz erhitzen.
4. Den Porridge in einem tiefen Teller anrichten, mit dem Orangensaft umgießen, mit den Apfelschnitzen garnieren und mit den gehackten Haselnüssen bestreuen.

VIELE BALLASTSTOFFE

Mit dem Porridge verspeisen Sie 8 g Ballaststoffe, fast ein Drittel des erforderlichen Tagesbedarfs.

VARIANTEN

Im Sommer den Porridge mit Pfirsichen vermischen und mit Erdbeerpüree umgießen.

Nährwerte pro Portion:

360 kcal • **9 g** Eiweiß • **11 g** Fett • **57 g** Kohlenhydrate

Aprikosen-Zwetschgen-Marmelade

FÜR CA. 700 G MARMELADE ODER 2 GLÄSER

200 g getrocknete, ungeschwefelte Pflaumen
200 g getrocknete, ungeschwefelte Aprikosen
350 ml Wasser
1 großer, saftiger, säuerlicher Apfel
2 TL frischer, gehackter Ingwer
1/2 TL Zimt
1 TL abgeriebene Schale von 1 unbehandelten Zitrone
3 EL Zitronensaft

ZUBEREITUNG: ca. 15 Min.
EINWEICHZEIT: ca. 1 Std.
KOCHZEIT: ca. 30 Min.

1. Die Pflaumen und die Aprikosen 1 Std. in 350 ml warmem Wasser einweichen. Früchte abgießen und das Einweichwasser auffangen. Pflaumen und Aprikosen in kleine Stücke schneiden.
2. Den Apfel schälen. Stielansatz und Kerngehäuse entfernen. Das Fruchtfleisch in Stücke schneiden.
3. Die Aprikosen-, Pflaumen- und Apfelstücke mit Einweichwasser, Ingwer, Zimt, Zitronenschale und Zitronensaft zum Kochen bringen.
4. Die Früchte in 20 bis 30 Min. zu einer Marmelade einkochen. Dabei häufig umrühren. Die Marmelade mit Zitronensaft abschmecken, in heiß ausgespülte Gläser füllen und sofort verschließen.

FRÜHE HARMONIE

Ein knuspriges Brötchen zum Frühstück schmeckt köstlich! Damit der Tag ausgeglichen beginnt, wird das Vollkornbrötchen mit Butter und 25 g Trockenfrüchte-Marmelade (ohne Kristallzucker) bestrichen. Dazu frische Früchte, dann rutschen Sie ins Basen-Plus.

Nährwerte pro Portion:

14 kcal • **0 g** Eiweiß • **0 g** Fett • **3 g** Kohlenhydrate

Schinken-Toast mit Karottensaft

FÜR 1 PERSON

1 Tomate
1 kleine Paprika
400 g Karotten (oder 250 ml Karottensaft aus der Flasche)
2 Vollkorntoasts
1 TL Butter
2 TL Senf
50 g magerer Schinken
1 EL Schnittlauchröllchen

ZUBEREITUNG: ca. 15 Min.

1. Die Tomate und die Paprika waschen und putzen. Die Tomate in dünne Scheiben, die Paprika in feine Streifen schneiden.
2. Die Karotten waschen, putzen und in Stücke schneiden. Die Karotten im Entsafter zu Saft verarbeiten.
3. Die Brote toasten, mit Butter und Senf bestreichen.
4. Die Toasts mit Schinken, Tomate und Paprika belegen und mit den Schnittlauchröllchen bestreuen.
5. Zu den Toasts den Karottensaft trinken.

RICHTIGE BEGLEITUNG

Wenn die Begleitung stimmt, erhöht auch ein Schinken-Toast nicht das Säure-Konto. Denn reichlich frisches Gemüse und ein großes Glas Karottensaft halten die Säurebildung aus Schinken und Brot unter Kontrolle.

Nährwerte pro Portion:

320 kcal • **20 g** Eiweiß • **10 g** Fett • **37 g** Kohlenhydrate

Lachsröllchen

FÜR 2 PERSONEN
1 Karotte
1/4 Gurke
1 Frühlingszwiebel
4 große Salatblätter
1/2 Bund Rucola
100 g Räucherlachs
2 TL geriebener Meerrettich (aus dem Glas)
Zahnstocher

ZUBEREITUNG: ca. 10 Min.

1. Gemüse und Salat waschen und putzen. Karotte, Gurke und Frühlingszwiebel in Streifen schneiden.
2. Die Salatblätter ausbreiten und mit dem Lachs belegen. Den Lachs mit Meerrettich bestreichen. Karotte, Gurke, Frühlingszwiebelstreifen und Rucola darauf legen.
3. Die Salatblätter aufrollen und die Lachsröllchen mit Zahnstochern feststecken.

Nährwerte pro Portion:

175 kcal • **16 g** Eiweiß • **10 g** Fett • **5 g** Kohlenhydrate

Paprika mit Hüttenkäsesalat

FÜR 2 PERSONEN
2 rote Paprika
1 Karotte
1 kleine Tomate
150 g Hüttenkäse
2 EL Petersilie
2 EL Schnittlauchröllchen
1 EL Zitronensaft
Salz, Pfeffer

ZUBEREITUNG: ca. 15 Min.

1. Die Paprika waschen, längs halbieren und die Trennwände entfernen. Karotte waschen, putzen und fein reiben. Tomate waschen. Den Stielansatz entfernen. Das Fruchtfleisch klein würfeln.
2. Den Hüttenkäse mit Karotte, Tomate, Petersilie und Schnittlauch vermischen.
3. Den Hüttenkäsesalat mit Zitronensaft, Salz und Pfeffer abschmecken.
4. Die Paprikahälften mit dem Hüttenkäsesalat füllen.

Nährwerte pro Portion:

110 kcal • **15 g** Eiweiß • **3 g** Fett • **7 g** Kohlenhydrate

Räucher-Tofu-Sandwich mit Zucchini-Salsa

FÜR 2 PERSONEN
200 g Räuchertofu
2 TL Senf
1 kleiner Zucchino
1 Frühlingszwiebel
1 EL Zitronensaft
2 EL gehackte Petersilie
Salz, Chilipulver
2 Vollkornbrote (à 50 g)

ZUBEREITUNG: ca. 15 Min.

1. Räuchertofu in dünne Scheiben schneiden und mit dem Senf bestreichen

2. Zucchino und Frühlingszwiebel waschen und putzen. Zucchino fein reiben. Die Frühlingszwiebel in Ringe schneiden. Zucchino, Frühlingszwiebel, Zitronensaft und Petersilie vermischen.

3. Die Zucchini-Salsa mit Salz und Chilipulver abschmecken. Die Brote mit dem Räuchertofu belegen. Die Zucchini-Salsa darauf verteilen.

Nährwerte pro Portion:

210 kcal • **13 g** Eiweiß • **6 g** Fett • **25 g** Kohlenhydrate

Gemüsesticks mit Kräuter-Joghurt

FÜR 2 PERSONEN
2 Karotten
1 Kohlrabi
1 rote Paprika
4 Stiele Bleichsellerie
250 g Joghurt
3 EL gehackte Petersilie
2 EL geschnittenes Basilikum
Salz, Pfeffer

ZUBEREITUNG: ca. 15 Min.

1. Das Gemüse waschen und putzen. Karotte, Kohlrabi, Paprika und Bleichsellerie in feine Streifen schneiden.

2. Den Joghurt mit Petersilie und Basilikum vermischen. Den Dip mit Salz und Pfeffer abschmecken.

3. Die Gemüsesticks mit dem Kräuter-Joghurt essen.

DER EINFACHSTE SNACK

Abends vor dem Fernseher, wenn Knabbern angesagt ist, bringt Sie dieser Snack ins Basen-Plus.

Nährwerte pro Portion:

170 kcal • **10 g** Eiweiß • **5 g** Fett • **19 g** Kohlenhydrate

Knoblauch-Kartoffel-Brötchen

FÜR 2 PERSONEN
250 g mehlige Kartoffeln
2 Knoblauchzehen
1 rote Paprika
3 EL Sauerrahm
Salz, Pfeffer
2 Scheiben Roggenbrot (à 70 g)
2 EL Schnittlauchröllchen

ZUBEREITUNG: ca. 30 Min.

1. Die Kartoffeln in der Schale weich dämpfen, schälen und mit der Kartoffelpresse durchpressen oder mit der flotten Lotte durchpassieren.

2. Die Knoblauchzehen abziehen und fein hacken. Die Paprika waschen und putzen. Das Fruchtfleisch in feine Streifen schneiden.

3. Die durchgepressten Kartoffeln, Sauerrahm und Knoblauch mit dem Handmixer verrühren. Die Knoblauch-Kartoffel-Creme mit Salz und Pfeffer abschmecken.

4. Die Roggenbrote mit der Knoblauch-Kartoffel-Creme bestreichen, mit Paprikastreifen und Schnittlauchröllchen garnieren.

PARTY-TIPP

Appetit auf einen herzhaften Snack? Lust auf preiswertes, schnell zubereitetes Party-Food? Dann ist diese würzige Kartoffelcreme gerade richtig – auch im Sinne einer basensicheren Ernährung. Denn die Kartoffeln harmonisieren im Verbund mit den knackigen Paprikastreifen das säurelastige Brot.

Nährwerte pro Portion:

265 kcal • **8 g** Eiweiß • **3 g** Fett • **50 g** Kohlenhydrate

Avocado-Crostini

FÜR 2 PERSONEN
1 weiche Avocado
1 Knoblauchzehe
1 – 2 EL Zitronensaft
1 TL abgeriebene Schale von 1 unbehandelten Zitrone
2 EL gehackte Petersilie oder frischer Koriander
Salz, Chilipulver
1 kleine Tomate
1/4 Gurke
2 Frühlingszwiebeln
4 EL Alfalfa-Sprossen
6 Scheiben Vollkorn-Baguette

ZUBEREITUNG: ca. 20 Min.

1. Die Avocado halbieren und den Kern entfernen. Das Fruchtfleisch mit der Gabel fein zerdrücken. Die Knoblauchzehe abziehen und fein hacken.

2. Das Avocadopüree mit Knoblauch, Zitronensaft, Zitronenschale und Petersilie verrühren. Mit Salz und Chilipulver abschmecken.

3. Die Tomate und die Gurke waschen. Den Stielansatz der Tomate entfernen. Die Tomate fein würfeln. Die Gurke schälen und fein würfeln. Die Frühlingszwiebeln waschen, putzen und in Ringe schneiden. Die Sprossen abbrausen und abtropfen lassen.

4. Die Baguettescheiben knusprig toasten und mit der Avocadocreme bestreichen. Die Avocado-Crostini mit Tomaten- und Gurkenwürfeln, Frühlingszwiebeln und Sprossen bestreuen.

Nährwerte pro Portion:

415 kcal • **10 g** Eiweiß • **29 g** Fett • **27 g** Kohlenhydrate

Gegrillte Austernpilze mit Basilikum-Salsa

FÜR 2 PERSONEN

300 g Austernpilze
1 Knoblauchzehe
1 Tomate
4 schwarze Oliven
1 kleines Bund Basilikum
2 TL Sherryessig
2 EL Olivenöl
Salz, Pfeffer
2 Scheiben Weizenvollkornbrot (à 50 g)
400 ml Tomatensaft

ZUBEREITUNG: ca. 20 Min.

1. Die Austernpilze trocken abbürsten und die Stielansätze abschneiden. Die Knoblauchzehe abziehen. Die Tomate waschen, den Stielansatz entfernen und das Fruchtfleisch fein würfeln. Die Oliven entkernen und grob hacken. Das Basilikum waschen, trockenschütteln und fein schneiden.

2. Tomate, Basilikum und Oliven mit dem Sherryessig und 1/2 EL Olivenöl vermischen. Salsa mit Salz und Pfeffer abschmecken.

3. In einer Grillpfanne oder einer beschichteten Pfanne 1/2 EL Olivenöl erhitzen. Die Pilze darin auf beiden Seiten kurz anbraten, salzen und pfeffern.

4. Die Brote knusprig toasten, mit der Knoblauchzehe kräftig einreiben und mit 1 EL Olivenöl beträufeln. Die Röstbrote mit den gegrillten Austernpilzen belegen und die Basilikum-Salsa darauf verteilen. Den Tomatensaft zu den Röstbroten trinken.

Nährwerte pro Portion:

285 kcal • **10 g** Eiweiß • **12 g** Fett • **33 g** Kohlenhydrate

Gorgonzola-Tomaten

FÜR 2 PERSONEN

4 Tomaten
2 Frühlingszwiebeln
150 g Spinat
100 Gorgonzola
1 EL Olivenöl
4 EL gehackte Petersilie
1 Eiweiß
Salz, Pfeffer
Muskat

ZUBEREITUNG: ca. 30 Min.

1. Die Tomaten und die Frühlingszwiebeln waschen. Von den Tomaten einen Deckel abschneiden. Die Tomaten aushöhlen. Die Frühlingszwiebeln putzen und in Ringe schneiden.

2. Den Spinat verlesen, waschen und abtropfen lassen. Gorgonzola klein schneiden.

3. Den Ofen auf 200 °C (Umluft 180 °C) vorheizen. Spinat in einen Topf geben. Bei guter Hitze in 2 Min. zusammenfallen lassen. Spinat in einem Sieb abtropfen lassen, ausdrücken und grob hacken.

4. In einer Pfanne 1 EL Öl erhitzen. Frühlingszwiebeln und Petersilie darin andünsten. Spinat, Frühlingszwiebeln, Petersilie, Gorgonzola und Eiweiß vermischen.

5. Die Füllung mit Salz, Pfeffer und Muskat abschmecken. Die Tomaten damit füllen, in eine Form setzen und im vorgeheizten Ofen 20 Min. backen.

HEISS UND KALT

Die gefüllten Tomaten schmecken heiß als Vorspeise oder kalt als Snack.

Nährwerte pro Portion:

250 kcal • **12 g** Eiweiß • **21 g** Fett • **3 g** Kohlenhydrate

Hähnchen-Lauch-Pastete

FÜR 4 PERSONEN
1 kleine Zwiebel
1 kleine Karotte
200 g Lauch
1 rote Paprika
50 g Spinat
1 Bund Petersilie
1 EL Öl
Salz
250 g Hähnchenbrust
2 Scheiben Toastbrot
4 EL Sahne
Muskat, Piment
Pfeffer
2 Eiweiße
1/2 TL fein gehackter Ingwer
1 TL abgeriebene Schale von 1 unbehandelten Zitrone

ZUBEREITUNG: ca. 40 Min.
GARZEIT: ca. 20 Min.

1. Die Zwiebel abziehen und fein hacken. Karotte, Lauch und Paprika waschen und putzen. Karotte in sehr kleine Würfel, Lauch in feine Streifen, die Paprika in dünne Streifen schneiden.

2. Den Spinat verlesen, waschen und abtropfen lassen. Petersilie waschen, trockenschütteln und hacken. Den Ofen auf 200 °C vorheizen.

3. 1/2 EL ÖL in einer beschichteten Pfanne erhitzen. Zwiebel darin glasig dünsten. Karotte und Petersilie dazugeben und kurz dünsten. Lauch dazugeben, leicht salzen. Unter Rühren erhitzen, bis der Lauch zusammenfällt.

4. Den Spinat mit wenig Salz in einen Topf geben, zugedeckt bei guter Hitze zusammenfallen und abtropfen lassen. Spinat leicht ausdrücken und hacken. Hähnchenfleisch klein würfeln.

5. Die Toasts kurz in Wasser legen, abgießen, ausdrücken und fein zerpflücken.

6. Hähnchenfleisch, Toasts, Sahne, Muskat, Piment, Salz und Pfeffer im Mixer zu einer glatten Farce pürieren. Das Eiweiß dazugeben und die Masse glatt pürieren.

7. Mit dem Handmixer die Farce mit Karotte, Lauch, Spinat, Ingwer und Zitronenschale vermischen. Die Masse mit Salz, Pfeffer, Muskat und Piment abschmecken.

8. Eine längliche Form mit Alufolie auslegen und mit 1/2 EL Öl ausstreichen. Die Hälfte der Masse darin verstreichen. Paprikastreifen darauf legen. Restliche Masse in die Form füllen. Pastete mit Alufolie abdecken und im vorgeheizten Ofen 20 Min. backen.

9. Die Pastete aus der Form stürzen, heiß essen oder in der Form abkühlen lassen und kalt servieren.

VIELSEITIGE PASTETE

SNACK: Eine Scheibe Brot mit Senf bestreichen, mit reichlich Rucola und einigen Pastetenscheiben belegen. Mit Tomaten und Gurken garnieren.

ELEGANTE VORSPEISE: Pro Person 50 g Feldsalat mit 2 TL Essig und 1 EL Olivenöl, Salz und Pfeffer marinieren. Die Pastete darauf anrichten, mit Radieschen und Kresse bestreuen.

VARIANTEN: Auch mit Lachs, Heilbutt, magerem Schweine- oder Kalbfleisch zubereitet schmeckt diese Pastete.

Nährwerte pro Portion:

195 kcal • **18 g** Eiweiß • **9 g** Fett • **9 g** Kohlenhydrate

Frühlingssalat mit Spargel und Erdbeeren

FÜR 2 PERSONEN

500 g grüner Spargel
1 EL Rapsöl
100 ml Gemüsebrühe
1 TL abgeriebene Schale von 1 unbehandelten Zitrone
1 EL Zitronensaft
1 EL Sherryessig
Salz, Pfeffer
1 Bund Rucola
2 Frühlingszwiebeln
100 g Erdbeeren

ZUBEREITUNG: ca. 20 Min.

1. Den Spargel waschen und abtropfen lassen. Die trockenen Enden etwas abschneiden. Den Spargel in 3 cm lange Stücke schneiden.
2. Das Öl in einer beschichteten Pfanne erhitzen. Den Spargel darin 3 Min. unter Rühren braten. Leicht salzen. Spargel mit der Gemüsebrühe aufgießen, mit Zitronenschale würzen und noch 1 Min. leicht kochen.
3. Den Spargel mit der Garflüssigkeit in eine Schüssel geben. Mit Zitronensaft und Essig vermischen, mit Salz und Pfeffer würzen. Den Spargelsalat abkühlen lassen.
4. Den Rucola putzen, waschen und abtropfen lassen. Den Rucola trockenschleudern. Die Frühlingsszwiebeln waschen, putzen und in Ringe schneiden. Die Erdbeeren waschen, abtropfen lassen und in Stücke schneiden.
5. Den Rucola portionsweise anrichten. Den marinierten Spargel darauf geben. Den Salat mit den Erdbeeren bestreuen.

Nährwerte pro Portion:

120 kcal • **5 g** Eiweiß • **6 g** Fett • **10 g** Kohlenhydrate

Knackiger Räucher-Tofu-Salat auf Chicorée

FÜR 2 PERSONEN

2 Chicorée
1 grüne Paprika
1/2 Gurke
100 g Radieschen
1 kleine, rote Zwiebel
150 g Räuchertofu
1 – 2 EL Essig
Salz, Pfeffer
2 EL Rapsöl
2 EL fein gehackte Petersilie

ZUBEREITUNG: ca. 20 Min.

1. Den Chicorée in einzelne Blättchen zerlegen und waschen. Die Paprika waschen und halbieren. Den Stielansatz und die Trennwände entfernen. Das Fruchtfleisch fein würfeln. Die Gurke waschen, schälen und fein würfeln, Die Radieschen waschen, putzen und fein würfeln.
2. Die Zwiebel abziehen und hacken. Den Räuchertofu in kleine Würfel schneiden.
3. Essig, Salz und Pfeffer mit dem Schneebesen verrühren. Das Öl unterrühren.
4. Paprika, Gurke, Radieschen, Zwiebel, Räuchertofu und Petersilie mit der Marinade vermischen. Den Salat mit Salz und Pfeffer abschmecken.
5. Den Salat portionsweise auf den Chicoréeblättchen anrichten.

Nährwerte pro Portion:

215 kcal • **10 g** Eiweiß • **14 g** Fett • **11 g** Kohlenhydrate

Rübchensalat mit Ananas

FÜR 2 PERSONEN
150 g Karotten
150 g Rote Bete
200 g frische Ananas
2 TL gehackte Haselnüsse
Saft von 1 Orange
1 TL Honig
1 EL Walnussöl
Chilipulver, Salz

ZUBEREITUNG: ca. 15 Min.

1. Karotten und Rote Bete waschen, putzen und grob raspeln. Die Schale der Ananas abschneiden. Die harten Augen und den Strunk entfernen. Das Fruchtfleisch in sehr kleine Stücke schneiden.
2. Karotten, Rote Bete, Ananas, Haselnüsse, Orangensaft, Honig und Öl vermischen. Salat mit Chilipulver und Salz abschmecken.

Nährwerte pro Portion:
170 kcal • **3 g** Eiweiß • **8 g** Fett • **22 g** Kohlenhydrate

Fenchel-Paprika-Tomaten-Salat

FÜR 2 PERSONEN
1 große Fenchelknolle
1 gelbe Paprika
2 Tomaten
1 Knoblauchzehe
2 Frühlingszwiebeln
1/2 Bund Basilikum
1 EL Essig|2 EL Olivenöl
Salz, Pfeffer

ZUBEREITUNG: ca. 15 Min.

1. Die Fenchelknolle waschen, putzen und in sehr feine Streifen schneiden. Die Paprika waschen, halbieren und in Streifen schneiden.
2. Die Tomaten waschen und den Stielansatz entfernen. Fruchtfleisch in kleine Würfel schneiden. Den Knoblauch abziehen und fein hacken.
3. Frühlingszwiebeln waschen, putzen und fein schneiden. Basilikum waschen, trockenschütteln und fein schneiden.
4. Fenchel, Paprika, Tomaten, Knoblauch, Frühlingszwiebeln und Basilikum mit Essig und Öl vermischen. Salat mit Salz und Pfeffer würzen und etwas durchziehen lassen.

Nährwerte pro Portion:
150 kcal • **5 g** Eiweiß • **11 g** Fett • **8 g** Kohlenhydrate

Salat von grünen Bohnen mit Schafkäse

FÜR 2 PERSONEN
400 g grüne Bohnen
2 EL Essig, 1 EL Olivenöl
Salz, Pfeffer
1 kleine rote Zwiebel
50 g Feta (Schafkäse)
100 g Kefir
3 EL gehackte Petersilie
6 schwarze Oliven

ZUBEREITUNG: ca. 20 Min.

1. Die Bohnen putzen, waschen und in Stücke schneiden. Die Bohnen zugedeckt in einem Siebeinsatz über Wasserdampf bissfest garen.

2. Die Bohnen mit Essig und Öl vermischen. Salat mit Salz und Pfeffer würzen und durchziehen lassen.

3. Die Zwiebel abziehen und hacken. Den Schafkäse in kleine Stücke schneiden.

4. Den Bohnensalat mit Kefir und Petersilie vermischen, mit Salz und Pfeffer abschmecken.

5. Den Bohnensalat mit Schafkäse und Oliven bestreuen.

Nährwerte pro Portion:

215 kcal • **14 g** Eiweiß • **13 g** Fett • **14 g** Kohlenhydrate

Asia-Sprossen-Salat aus dem Wok

FÜR 2 PERSONEN
1 Karotte
2 Frühlingszwiebeln
80 g Sojasprossen
1 Radicchio
1 EL Öl
1/2 TL gehackter Ingwer
1 – 2 EL Sherryessig
2 EL helle Sojasauce
Chilipulver

ZUBEREITUNG: ca. 20 Min.

1. Die Karotte und die Frühlingszwiebeln waschen und putzen. Die Karotten in feine Stifte, die Frühlingszwiebeln in Ringe schneiden.

2. Die Sprossen waschen und abtropfen lassen. Den Radicchio putzen, waschen und trockenschleudern. Den Radicchio in feine Streifen schneiden.

3. Das Öl im Wok erhitzen. Die Karotte darin kurz braten. Sprossen, Ingwer, Essig, Sojasauce und Chilipulver untermischen und kurz mitbraten.

4. Den Salat auf den Radicchiostreifen anrichten und mit Frühlingszwiebeln bestreuen.

Nährwerte pro Portion:

105 kcal • **5 g** Eiweiß • **6 g** Fett • **10 g** Kohlenhydrate

Mariniertes Grillgemüse

FÜR 4 PERSONEN

3 rote Paprika
400 g Auberginen
400 g Zucchini
3 EL Olivenöl
Salz
1 Knoblauchzehe
1 Bund Petersilie
1 EL Kapern
1 Zitrone
Pfeffer

ZUBEREITUNG: ca. 40 Min.

1. Den Ofen auf 200 °C (Umluft 180 °C) vorheizen. Die Paprikaschoten waschen und abtropfen lassen. Die Auberginen waschen, putzen und in 1 cm dicke Scheiben schneiden. Die Zucchini waschen, putzen und in 1 cm dicke Scheiben schneiden.

2. Ein Backblech mit 1 EL Olivenöl einstreichen. Auberginen- und Zucchinischeiben sowie die ganzen Paprikaschoten nebeneinander darauf legen. Auberginen und Zucchini leicht salzen. Das Gemüse im vorgeheizten Ofen 12 Min. backen. Zucchini aus dem Ofen nehmen. Auberginen und Paprika umdrehen und noch ca. 8 Min. backen. Die Paprika sollen sich dunkelbraun färben und die Haut soll Blasen bilden.

3. Die Paprika in einer Schüssel zugedeckt etwas abkühlen lassen. Die Paprika über einer Schüssel anstechen und den Paprikasaft für die Marinade auffangen.

4. Den Stielansatz der Paprika entfernen. Paprika halbieren und abziehen. Die Trennwände entfernen und das Fruchtfleisch in Streifen schneiden. Auberginen, Zucchini und Paprika in eine Schüssel schichten.

5. Die Knoblauchzehe abziehen und hacken. Die Petersilie waschen und trockenschütteln. Die Petersilie und die Kapern hacken. Die Zitrone auspressen. Zitronensaft, 2 EL Olivenöl und den Paprikasaft mit dem Schneebesen verrühren. Knoblauch, Petersilie und Kapern untermischen. Die Marinade mit Salz und Pfeffer abschmecken.

6. Das gegrillte Gemüse mit der Marinade übergießen. Den Salat kalt stellen und mindestens 3 Std. durchziehen lassen.

Nährwerte pro Portion:

130 kcal • **4 g** Eiweiß • **8 g** Fett • **8 g** Kohlenhydrate

Kartoffel-Gurken-Salat

mit Stremmellachs

FÜR 4 PERSONEN
500 g fest kochende Kartoffeln
1 kleine, rote Zwiebel
80 ml Gemüsebrühe
1 Prise Muskat
1/4 TL Liebstöckel
2 EL Essig
2 EL Rapsöl
Salz, Pfeffer
1/2 Gurke
1 Kästchen Kresse
200 g Stremmellachs

ZUBEREITUNG: ca. 30 Min.

1. Die Kartoffeln in der Schale weich dämpfen. Die Kartoffeln noch warm schälen und in dünne Scheiben schneiden. Die Zwiebel abziehen und fein hacken.
2. Die Gemüsebrühe zum Kochen bringen, mit Muskat und Liebstöckel würzen.
3. Die Kartoffeln mit heißer Gemüsebrühe, Essig, Öl, und der Zwiebel vermischen. Den Salat mit Salz und Pfeffer abschmecken und durchziehen lassen.
4. Die Gurke waschen, schälen und in feine Scheiben hobeln oder schneiden. Die Kresse abbrausen und abtropfen lassen. Den Stremmellachs in große Stücke schneiden.
5. Kurz vor dem Servieren die Gurken mit dem Kartoffelsalat vermischen. Den Kartoffel-Gurken-Salat portionsweise anrichten. Den Stremmelachs auf den Salat geben und mit der Kresse garnieren.

SALAT ALS HAUPTGERICHT

Dieser herzhafte Salat lässt sich prima vorbereiten und eignet sich auch zur Bewirtung einer größeren Zahl von Gästen: Machen Sie den Kartoffelsalat fertig. Es kann ihm nur gut bekommen, wenn er die Chance hat, eine Weile durchzuziehen. Schneiden Sie auch die Gurken und den Lachs. Wenn die Gäste da sind, werden die Gurken untergemischt und der Lachs über den Salat gestreut.

ABWECHSLUNG MUSS SEIN!

Dieses Salatrezept lässt sich ganz nach Appetit des Tages und Zustand des Kühlschranks variieren.

Statt Lachs wird der Salat zubereitet mit: gebratenen Hühnerbruststücken, gekochten Garnelen, Streifen von magerem, gekochtem Schinken, Tunfisch aus der Dose, aber auch mit rasch gebratenem Tunfischfilet oder mit Lammspießchen.

Nährwerte pro Portion:

275 kcal • **17 g** Eiweiß • **15 g** Fett • **17 g** Kohlenhydrate

Feldsalat mit Avocado und Limettendressing

FÜR 2 PERSONEN

150 g Feldsalat
1 reife Avocado
1 rote Zwiebel
1 Knoblauchzehe
200 g Cocktailtomaten
4 Zweige Koriander oder Petersilie
4 EL Radieschensprossen
150 g Joghurt (1,5 % Fett)
2–3 EL Limettensaft
Salz, Chilipulver

ZUBEREITUNG: ca. 15 Min.

1. Den Feldsalat putzen, waschen und trockenschleudern. Die Avocado mit einem scharfen Messer schälen und halbieren. Den Kern entfernen. Das Fruchtfleisch in Scheiben schneiden.
2. Die Zwiebel abziehen und in feine Ringe schneiden. Den Knoblauch abziehen und hacken. Die Tomaten waschen und halbieren. Koriander oder Petersilie waschen, trockenschütteln und hacken. Die Sprossen abbrausen und abtropfen lassen.
3. Den Joghurt mit Knoblauch, Limettensaft und Koriander vermischen. Das Dressing mit Salz und Chilipulver abschmecken.
4. Den Feldsalat mit Avocado und Tomaten portionsweise anrichten. Das Dressing darüber geben. Zwiebelringe und Sprossen auf dem Salat verteilen.

Nährwerte pro Portion:

330 kcal • **8 g** Eiweiß • **30 g** Fett • **11 g** Kohlenhydrate

Gebratenes Hähnchenfilet auf Melonensalat

FÜR 2 PERSONEN

1 Galia- oder Honigmelone
1 Orange
2 EL Zitronensaft
2 Frühlingszwiebeln
1 kleines Bund Basilikum
150 g Hähnchenbrust (ohne Haut)
2 EL Rapsöl
1/2 TL Currypulver
1 EL helle Sojasauce

ZUBEREITUNG: ca. 30 Min.

1. Die Melone halbieren und die Kerne entfernen. Die Schale abschneiden und das Fruchtfleisch in Scheibchen schneiden (oder mit einem Formmesser aus dem Fruchtfleisch kleine Melonenkugeln ausstechen). Die Orange auspressen. Die Melonenstücke mit Orangen- und Zitronensaft vermischen.
2. Die Frühlingszwiebeln waschen, putzen und in Ringe schneiden. Das Basilikum waschen, trockenschütteln und in feine Streifen schneiden. Das Hähnchenfleisch abwaschen, trockentupfen und in Streifen schneiden.
3. Das Öl in einer beschichteten Pfanne oder im Wok erhitzen. Das Hähnchenfleisch darin unter Rühren anbraten, mit Currypulver bestäuben und mit Sojasauce ablöschen. Das Hähnchenfleisch unter Rühren fertig braten.
4. Den Melonensalat portionsweise anrichten. Das Hähnchenfleisch darauf verteilen. Den Salat mit Basilikum und Frühlingszwiebeln bestreuen.

Nährwerte pro Portion:

290 kcal • **20 g** Eiweiß • **11 g** Fett • **25 g** Kohlenhydrate

Spinatsalat

mit Omelette-Streifen

FÜR 2 PERSONEN

FÜR DEN SPINATSALAT

200 g junger Spinat
2 Tomaten
2 Frühlingszwiebeln
1 Knoblauchzehe
1 TL frischer Oregano
1 EL Essig
Salz, Pfeffer
1 EL Zitronensaft

FÜR DIE OMELETTES

2 Eier
Salz, Pfeffer
2 EL Olivenöl

ZUBEREITUNG: ca. 20 Min.

1. Den Spinat putzen, waschen, abtropfen lassen und in mundgerechte Stücke zupfen.
Die Tomaten waschen und die Stielansätze entfernen. Das Fruchtfleisch in kleine Würfel schneiden.

2. Die Frühlingszwiebeln putzen, waschen und in feine Ringe schneiden. Den Knoblauch abziehen und fein hacken.

3. Die Tomatenwürfel mit Knoblauch, Oregano und Essig vermischen, mit Salz und Pfeffer würzen.

4. Zwei Omelettes backen. Dafür jeweils ein Ei verquirlen, mit Salz und Pfeffer würzen. Jeweils 1/2 EL Olivenöl in einer beschichteten Pfanne erhitzen. Das verquirlte Ei in die Pfanne gießen, darin verteilen und stocken lassen.

5. Das Omelette umdrehen und auch auf der zweiten Seite goldgelb braten. Omelette aus der Pfanne nehmen, aufrollen und in dünne Streifen schneiden. Mit dem zweiten Ei genauso verfahren.

6. In einem großen flachen Topf 1 EL Olivenöl erhitzen. Den Spinat dazugeben und leicht salzen. Den Spinat mit zwei Kochlöffeln im heißen Öl nur einen Moment wenden, bis die Blätter anfangen zusammenzufallen.

7. Den Spinat vom Herd nehmen, mit Zitronensaft, Salz und Pfeffer abschmecken.

8. Den Spinatsalat portionsweise anrichten. Die Tomatenvinaigrette darauf verteilen, mit Omelettestreifen und Frühlingszwiebelringen bestreuen.

ALLES KÄSE

Auch mit Schafkäsewürfeln, Parmesanspänen oder Mozzarellakugeln schmeckt dieser Salat.

Nährwerte pro Portion:

205 kcal • **10 g** Eiweiß • **17 g** Fett • **3 g** Kohlenhydrate

Kalte Karottensuppe mit Kräutern

FÜR 2 PERSONEN
500 g Karotten
100 g Sellerie
1/2 Gurke
200 ml Buttermilch
1 TL abgeriebene Schale von 1 unbehandelten Zitrone
1 TL Zitronensaft
2 EL Schnittlauchröllchen
1 EL gehackter Dill
1 EL geschnittenes Basilikum
Salz, Pfeffer
4 Eiswürfel

ZUBEREITUNG: ca. 15 Min.

1. Die Karotten waschen und putzen. Eine Karotte beiseite stellen. Die restlichen Karotten in Stücke schneiden und mit dem Entsafter zu Saft verarbeiten.
2. Die Sellerie und die Gurke waschen und schälen. Die Sellerie und die Karotte fein raspeln. Die Gurke grob raspeln.
3. Den Karottensaft, die Hälfte des geraspelten Gemüses, Buttermilch, Zitronenschale und Zitronensaft im Mixglas oder mit dem Zauberstab fein pürieren.
4. Die kalte Suppe mit dem restlichen Gemüse, Schnittlauch, Dill und Basilikum vermischen. Die Suppe mit Salz und Pfeffer abschmecken und mit den Eiswürfeln anrichten.

STRESSABBAU

Sie haben keinen Entsafter zu Hause? Dann bereiten Sie diese erfrischende Suppe mit naturreinem Karottensaft aus der Flasche zu.

Nährwerte pro Portion:
100 kcal • **5 g** Eiweiß • **1 g** Fett • **16 g** Kohlenhydrate

Gazpacho – kalte spanische Sommersuppe

FÜR 2 PERSONEN
500 g reife Tomaten
1/2 Gurke
1 kleine grüne Paprika
1 Schalotte
1 Knoblauchzehe
1 Vollkorntoast
100 ml Eiswasser
2 TL Sherryessig
Salz
schwarzer Pfeffer
2 EL Olivenöl

ZUBEREITUNG: ca. 15 Min.

1. Die Tomaten waschen. Die Stielansätze entfernen und das Fruchtfleisch in Stücke schneiden. Die Gurke waschen und schälen. Die Hälfte der Gurke in Stücke schneiden, den Rest fein würfeln.
2. Die Paprika waschen und halbieren. Den Stielansatz und die Trennwände entfernen. Eine Hälfte der Paprika fein würfeln, den Rest in Stücke schneiden. Schalotte und Knoblauch abziehen und hacken. Den Toast zerkrümeln.
3. Tomaten, die Gurken- und Paprikastücke, Schalotten, Knoblauch und Brotkrümel mit Wasser, Essig, Salz und Pfeffer vermischen und auf zweimal im Mixglas oder mit dem Zauberstab fein pürieren. Jeweils 1 EL Olivenöl untermixen.
4. Die Gazpacho zugedeckt 2 Std. kühlen. Vor dem Servieren nochmals kräftig durchrühren.
5. Die Gazpacho portionsweise anrichten. Die Paprika- und Gurkenwürfelchen getrennt dazu reichen.

Nährwerte pro Portion:
155 kcal • **3 g** Eiweiß • **11 g** Fett • **10 g** Kohlenhydrate

Misosuppe mit Meeresgemüse, Spinat und Tofu

FÜR 2 PERSONEN

10 g getrocknete Wakame (getrocknete Meeresalgen)
50 g Spinat
2 Frühlingszwiebeln
100 g Tofu
1 – 2 EL Reis- oder Gerstenmiso
500 ml schwach gesalzene Gemüsebrühe
1 TL frischer, geriebener Ingwer

ZUBEREITUNG: ca. 15 Min.

1. Die Wakame 5 Min. in kaltem Wasser einweichen, in ein Sieb abgießen und abtropfen lassen. Die harte Mittelrippe entfernen. Die Wakame in Stücke schneiden.
2. Den Spinat verlesen, waschen, abtropfen lassen und in mundgerechte Stücke schneiden. Die Frühlingszwiebeln waschen, putzen und in Ringe schneiden.
3. Tofu kalt abspülen und in kleine Würfel schneiden. Miso mit 3 EL kaltem Wasser glatt rühren.
4. Die Gemüsebrühe zum Kochen bringen. Den Tofu dazugeben und zugedeckt 3 Min. köcheln lassen. Den Spinat untermischen und kurz aufkochen.
5. Die Suppe vom Herd nehmen, Ingwer einrühren. Die Wakame untermischen.
6. Die Misosuppe portionsweise anrichten und mit den Frühlingszwiebeln bestreuen.

Nährwerte pro Portion:

120 kcal • 6 g Eiweiß • 6 g Fett • 10 g Kohlenhydrate

Tomatensuppe

FÜR 4 PERSONEN

1 250 g reife Tomaten
1 Zwiebel
2 Knoblauchzehen
2 EL Olivenöl
1/2 TL Oregano
1/2 TL Thymian
1 Lorbeerblatt
2 – 3 TL Instant Gemüsebrühe
Salz
Pfeffer
1 Bund Basilikum

ZUBEREITUNG: ca. 20 Min.

1. Für die Suppe die Tomaten waschen und die Stielansätze entfernen. Die Tomaten in große Stücke schneiden. Zwiebel und Knoblauch schälen und hacken.
2. Tomaten, Zwiebel, Knoblauch, Olivenöl, Oregano, Thymian, Lorbeer und Gemüsebrühe in einen Topf geben und zum Kochen bringen. Die Suppe zugedeckt 20 Min. leicht kochen.
3. Das Lorbeerblatt entfernen, die Tomatensuppe mit dem Zauberstab fein pürieren und durch ein Sieb streichen. Die Suppe mit Salz und Pfeffer abschmecken.
4. Das Basilikum waschen, trockenschütteln und fein schneiden. Die Suppe mit dem Basilikum bestreuen.

EISKALTER VORRAT

Bereiten Sie im Sommer, wenn die Tomaten reif und aromatisch sind, eine größere Menge Suppe zu und frieren Sie diese portionsweise ein.

Nährwerte pro Portion:

60 kcal • 1 g Eiweiß • 5 g Fett • 1 g Kohlenhydrate

Borschtsch

FÜR 4 PERSONEN

2 Zwiebeln
200 g Rote Bete
200 g Karotten
100 g Sellerie
100 g Weißkraut
200 g Kartoffeln
1 Bund Petersilie
2 EL Rapsöl
1,5 l Gemüsebrühe
1 Lorbeerblatt
Muskat
1 TL abgeriebene Schale von 1 unbehandelten Zitrone
1–2 EL Zitronensaft
Salz, Pfeffer

ZUBEREITUNG: ca. 30 Min.

1. Die Zwiebeln abziehen und hacken. Das Gemüse waschen und putzen. Rote Bete und Karotten in Scheiben schneiden. Sellerie würfeln. Weißkraut in Streifen schneiden. Kartoffeln waschen, schälen und würfeln. Petersilie waschen, abtropfen lassen und hacken.

2. Das Rapsöl in einem Topf erhitzen. Zwiebeln darin zuerst andünsten, dann goldgelb braten. Die Hälfte der Petersilie unterrühren und andünsten. Gemüsebrühe angießen, zum Kochen bringen und zugedeckt 10 Min. leicht kochen.

3. Rote Bete, Karotten, Sellerie, Weißkraut und Kartoffeln dazugeben. Mit Lorbeer, Muskat und Zitronenschale würzen und zugedeckt 15 Min. köcheln.

4. Borschtsch mit Zitronensaft, Salz und Pfeffer abschmecken und mit der restlichen Petersilie bestreut servieren.

KLACKS OBENAUF

100 g Joghurt, 50 g Sauerrahm, 1 EL gehackten Dill vermischen. Die Sauce mit Salz und Pfeffer würzen, zur Suppe reichen.

Nährwerte pro Portion:

190 kcal • **3 g** Eiweiß • **9 g** Fett • **21 g** Kohlenhydrate

Griechischer Linseneintopf

FÜR 4 PERSONEN

1 Zwiebel
3 Knoblauchzehen
1 große Kartoffel
1 grüne Paprika
4 Tomaten
200 g kleine, braune Linsen
1 l Wasser
3 EL Olivenöl
1 Lorbeerblatt
Salz
2–3 TL Instant Gemüsebrühe
1 TL Oregano
Pfeffer

ZUBEREITUNG: ca. 20 Min.

1. Die Zwiebel abziehen und hacken. Die Knoblauchzehen abziehen. Die Kartoffel waschen, schälen und würfeln. Die Paprika waschen, halbieren, den Stielansatz und die Trennwände entfernen. Das Fruchtfleisch in Streifen schneiden.

2. Die Tomaten kurz in kochendes Wasser legen, abtropfen lassen und abziehen. Die Stielansätze entfernen und das Fruchtfleisch in Stücke schneiden.

3. Die Linsen verlesen, abspülen und abtropfen lassen. Die Linsen mit Wasser, Zwiebel, Knoblauch, Olivenöl, Lorbeer und einer Prise Salz zum Kochen bringen und in ca. 25 Min. weich kochen. (Im Schnellkochtopf in ca. 10 Min.)

4. Kartoffel, Paprika und Tomaten dazugeben. Den Linseneintopf mit Gemüsebrühe, Oregano, Salz und Pfeffer würzen. Zugedeckt ca. 10 Min. köcheln lassen, bis die Kartoffelwürfel weich sind.

Nährwerte pro Portion:

270 kcal • **14 g** Eiweiß • **9 g** Fett • **33 g** Kohlenhydrate

Ruck-Zuck-Kürbissuppe

FÜR 4 PERSONEN
1 Zwiebel
500 g Kürbis
1 rote Paprika
3 Tomaten,
2 EL Olivenöl
500 ml Gemüsebrühe
Salz, Chilipulver
1 EL gehackter Koriander

ZUBEREITUNG: ca. 30 Min.

1. Zwiebel abziehen und hacken. Die Schale vom Kürbis abschneiden, die Kerne entfernen. Das Fruchtfleisch würfeln. Paprika waschen, putzen und würfeln. Tomaten waschen und die Stielansätze entfernen, Fruchtfleisch würfeln.
2. Das Öl in einem Topf erhitzen. Zwiebel darin glasig dünsten.
3. Kürbis, Tomate, Paprika und Gemüsebrühe dazugeben. Mit Salz und Chilipulver würzen.
4. Die Suppe zum Kochen bringen und zugedeckt 15 Min. kochen. Die Suppe mit dem Zauberstab fein pürieren und mit Koriander bestreuen.

Nährwerte pro Portion:
150 kcal • **4 g** Eiweiß • **7 g** Fett • **15 g** Kohlenhydrate

Schnelle Gemüse-Raspel-Suppe

FÜR 2 PERSONEN
1 junger Kohlrabi
1 Karotte, 50 g Sellerie
100 g Lauch
400 ml Gemüsebrühe
1 EL Rapsöl
1/2 TL Liebstöckel
1/2 TL gehackter Ingwer
Salz, Pfeffer
2 EL gehackte Petersilie

ZUBEREITUNG: ca. 15 Min.

1. Kohlrabi waschen, schälen und grob reiben. Die Karotte waschen, putzen und grob reiben. Sellerie putzen und grob reiben. Den Lauch putzen, waschen und in feine Streifen schneiden.
2. Die Gemüsebrühe zum Kochen bringen. Kohlrabi, Karotten, Sellerie, Lauch, Öl, Liebstöckel und Ingwer dazugeben. Die Suppe 5 Min. kochen.
3. Die Gemüse-Raspel-Suppe mit Salz und Pfeffer abschmecken, mit Petersilie bestreut servieren.

Nährwerte pro Portion:
125 kcal • **3 g** Eiweiß • **7 g** Fett • **10 g** Kohlenhydrate

Spinatcreme-Suppe

FÜR 2 PERSONEN

4 Knoblauchzehen
1 kleine Kartoffel
300 ml Gemüsebrühe
1 Prise Muskat, Pfeffer
150 g tiefgekühlter, passierter Spinat
1 EL Crème fraîche
2 TL Zitronensaft

ZUBEREITUNG: ca. 30 Min.

1. Den Knoblauch abziehen. Die Kartoffel waschen, schälen und in Stücke schneiden.
2. Die Gemüsebrühe mit Knoblauch und Kartoffeln zum Kochen bringen. Mit Muskat und Pfeffer würzen.
3. Die Suppe zugedeckt 20 Min. köcheln lassen. Tiefgekühlten Spinat dazugeben und zugedeckt ca. 5 Min. köcheln.
4. Die Suppe, Crème fraîche und Zitronensaft mit dem Zauberstab fein pürieren.

Nährwerte pro Portion:

95 kcal • **3 g** Eiweiß • **5 g** Fett • **9 g** Kohlenhydrate

Blitz-Minestrone

FÜR 2 PERSONEN

1 Zwiebel
2 Knoblauchzehen
1 Karotte, 200 g Lauch
250 g Brokkoli
2 Tomaten
1 EL Olivenöl
400 ml Gemüsebrühe
3 EL geschnittenes Basilikum

ZUBEREITUNG: ca. 30 Min.

1. Zwiebel und Knoblauch abziehen und hacken, Gemüse waschen und putzen. Karotte und Lauch in Scheiben schneiden. Brokkoli in Röschen teilen.
2. Tomaten überbrühen, abziehen, den Stielansatz entfernen. Das Fruchtfleisch würfeln.
3. Das Olivenöl in einem Topf erhitzen. Zwiebel und Knoblauch darin andünsten. Gemüsebrühe, Karotte, Lauch, Brokkoli und Tomaten dazugeben.
4. Die Minestrone ca. 15 Min. köcheln lassen und mit Basilikum bestreut servieren.

Nährwerte pro Portion:

145 kcal • **5 g** Eiweiß • **8 g** Fett • **12 g** Kohlenhydrate

Wirsingtopf

mit Pilzen und Hähnchenbrust

FÜR 4 PERSONEN

2 Hähnchenbrustfilets (à 150 g)
1 TL frischer, geriebener Ingwer
1/2 TL Koriander
1 Prise Muskat
Pfeffer
1 Zwiebel
500 g Wirsing
1 Karotte
200 g Champignons
1 Bund Petersilie
2 EL Rapsöl
1250 ml Gemüsebrühe
Salz

ZUBEREITUNG: ca. 20 Min.

1. Die Hähnchenbrustfilets abwaschen, trockentupfen und mit Ingwer, Koriander, Muskat und Pfeffer einreiben. Hähnchenbrustfilets 15 Min. ziehen lassen.
2. Die Zwiebel abziehen und hacken. Den Wirsing waschen, putzen und in Schnitze schneiden. Die Karotte waschen, putzen und in Scheiben schneiden. Die Champignons abbürsten und in Scheiben schneiden. Die Petersilie waschen, trockenschütteln und hacken.
3. In einem beschichteten Topf 1 EL Öl erhitzen. Die Zwiebel darin goldgelb braten. Hähnchenfilets dazugeben und rundum anbraten. Wirsing, Karotte und die Hälfte der Petersilie dazugeben und kurz andünsten.
4. Mit der Gemüsebrühe aufgießen. Den Eintopf zugedeckt ca. 20 Min. köcheln lassen. Das Hähnchenfleisch aus dem Eintopf nehmen und in Scheiben schneiden.
5. 1 EL Öl in einer Pfanne erhitzen. Die Champignons darin unter Rühren braten, leicht salzen und in den Eintopf rühren. Einige Min. leicht kochen. Die restliche Petersilie untermischen.
6. Den Wirsingtopf portionsweise mit dem Hähnchenfleisch in tiefen Tellern anrichten.

FEINES MENÜ

Mit diesem Essen sind Sie auf der leichten Seite, wenn figurbewusstes Schlemmen angesagt ist: Asia-Sprossen-Salat, Wirsingtopf mit Pilzen und Hähnchenbrust, Mango-Pudding mit Holundersaft.

Nährwerte pro Portion:

180 kcal • **22 g** Eiweiß • **7 g** Fett • **6 g** Kohlenhydrate

Sizilianischer Fischtopf

FÜR 4 PERSONEN

1 Zwiebel
4 Knoblauchzehen
1 kleine Fenchelknolle
1 Karotte
200 g Zucchini
500 g Tomaten
1 kleines Bund Petersilie
400 g Fischfilets (Seeteufel oder Lachs)
2 EL Olivenöl
800 ml Gemüsebrühe
1 Lorbeerblatt
1/2 TL Thymian
1 Prise Koriander
Pfeffer, Salz

ZUBEREITUNG: ca. 20 Min.
GARZEIT: ca. 30 Min.

1. Die Zwiebel abziehen und hacken. Knoblauch abziehen. Fenchel, Karotte und Zucchini waschen und putzen. Den Fenchel und die Karotte sehr fein würfeln. Die Zucchini in dünne Scheiben schneiden.

2. Die Tomaten kurz in kochendes Wasser legen, abgießen und abtropfen lassen. Die Tomaten abziehen und die Stielansätze entfernen. Das Fruchtfleisch in kleine Stücke schneiden.

3. Die Petersilie waschen, trockenschütteln und hacken. Die Fischfilets abwaschen, trockentupfen und in Stücke schneiden.

4. Das Öl in einem flachen Topf erhitzen. Die Zwiebel darin glasig dünsten. Knoblauch, Fenchel, Karotte und die Hälfte der Petersilie dazugeben, leicht salzen und unter Rühren anbraten.

5. Die Tomaten dazugeben und unter Rühren zu einer dicken Sauce einkochen. Die Gemüsebrühe untermischen, mit Lorbeer, Thymian, Koriander und Pfeffer würzen.

6. Die Suppe zum Kochen bringen und zugedeckt 10 Min. leicht kochen.

7. Die Fischstücke und die Zucchinischeiben in die Suppe geben und zugedeckt einige Min. ziehen lassen, bis der Fisch gar ist. Die Suppe mit Salz und Pfeffer abschmecken und mit der restlichen Petersilie bestreut servieren.

FÜR FESTE

Für besondere Gelegenheiten auch einige Garnelen und Muscheln in den Topf geben. Damit das Süppchen basensicher bleibt, etwas weniger Fisch verwenden.

Nährwerte pro Portion:

190 kcal • **17 g** Eiweiß • **8 g** Fett • **9 g** Kohlenhydrate

Eintopf

mit grünen Bohnen und Rindfleisch

FÜR 4 PERSONEN
2 Zwiebeln
250 g Rindfleisch
2 Kartoffeln
250 g grüne Bohnen
1 Karotte
100 g Sellerie
1 kleine Petersilienwurzel
1 Bund Petersilie
2 EL Rapsöl
1,5 Liter Gemüsebrühe
Muskat, 1 Lorbeerblatt
1 Nelke

ZUBEREITUNG: ca. 30 Min.
GARZEIT: ca. 1 Std.

1. Die Zwiebeln abziehen und in Ringe schneiden. Das Rindfleisch abwaschen, trockentupfen und in Würfel schneiden. Die Kartoffeln waschen, schälen und in Schnitze schneiden.

2. Die grünen Bohnen waschen, putzen und in 3 cm lange Stücke schneiden. Die Karotte waschen, putzen und in Scheiben schneiden. Sellerie schälen und in Würfel schneiden. Die Petersilienwurzel schälen und in Stifte schneiden. Petersilie waschen, trockenschütteln und hacken.

3. Das Öl in einem Topf erhitzen. Zwiebeln darin zuerst glasig dünsten, dann unter Rühren goldbraun braten. Die Hälfte der Zwiebeln für die Garnitur beiseite stellen.

4. Die Hälfte der Petersilie mit den gebratenen Zwiebeln im Topf vermischen und kurz andünsten. Die Gemüsebrühe angießen und zum Kochen bringen. Das Rindfleisch dazugeben, mit Muskat, Lorbeer und Nelke würzen. Das Rindfleisch zugedeckt 20 Min. köcheln.

5. Die Kartoffelschnitze dazugeben und ca. 8 Min. kochen. Bohnen, Karotte, Sellerie und Petersiliewurzel untermischen und zugedeckt bissfest kochen. Die restliche Petersilie untermischen. Den Eintopf portionsweise anrichten und mit den gebratenen Zwiebelringen garnieren.

HUHN IN DEN TOPF

Kochen Sie diesen Eintopf auch mit Hühnchenbrust. Das zarte Geflügelfleisch in Streifen geschnitten kommt aber erst mit dem Gemüse in den Topf.

Nährwerte pro Portion:

260 kcal • **17 g** Eiweiß • **12 g** Fett • **20 g** Kohlenhydrate

Kürbis-Dim-Sums

mit gebratenem Mangold und Paprika-Sauce

FÜR 4 PERSONEN

FÜR DIE DIM SUMS

500 g Muskat-Kürbis
2 Frühlingszwiebeln
1 EL Haselnüsse
1 EL Öl
1 TL frischer, gehackter Ingwer
1 TL abgeriebene Schale von 1 unbehandelten Zitrone
Zimt, Muskat
Chilipulver
Salz
20 Wan-Tan-Teigblätter

FÜR DIE PAPRIKA-SAUCE

2 rote Paprikaschoten
Salz
2 TL Zitronensaft
Chilipulver

FÜR DEN MANGOLD

2 Knoblauchzehen
300 g Mangold
3 EL Öl
Salz
Zitronensaft

ZUBEREITUNG: ca. 50 Min.

1. Den Backofen auf 200 °C (Umluft 180 °C) vorheizen. Den Kürbis mit einem scharfen Messer schälen. Die Kerne entfernen und das Fruchtfleisch in Würfel schneiden. Die Frühlingszwiebeln waschen, putzen und in Ringe schneiden. Die Haselnüsse in einer trockenen Pfanne anrösten und hacken.
2. Eine Form mit 1 EL Öl ausstreichen. Den Kürbis darin verteilen und im vorgeheizten Ofen 20 Min. backen.
3. Den Kürbis mit der Gabel fein zerdrücken, mit Frühlingszwiebeln, Haselnüssen, Ingwer, Zitronenschale, Zimt und Muskat vermischen. Die Masse mit Chilipulver und Salz abschmecken.
4. Auf jedes Teigblatt 1 TL Füllung geben. Die Teigränder leicht mit Wasser bestreichen und über der Füllung zusammendrücken.
5. Die Dim Sums in einem Siebeinsatz aus Metall oder Bambus zugedeckt über Wasserdampf 15 Min. garen.
6. Die Paprika waschen und im Salzwasser in 15 Min. weich kochen. Paprika abgießen und abtropfen lassen. Paprika halbieren, die Stielansätze und die Trennwände entfernen. Das Fruchtfleisch in Stücke schneiden und mit dem Zauberstab pürieren. Die Sauce mit Zitronensaft, Salz und Chilipulver abschmecken.
7. Den Knoblauch abziehen und hacken. Mangold waschen und putzen. Die weißen Stielansätze in feine Streifen und die grünen Blätter in breite Streifen schneiden.
8. Das Öl in einer beschichteten Pfanne erhitzen. Knoblauch darin kurz anbraten. Die Mangoldstiele dazugeben und unter Rühren kurz braten. Die Mangoldblätter dazugeben und unter Rühren braten. Mangold mit Salz und Zitronensaft würzen.
9. Dim Sums portionsweise mit gebratenem Mangold und Paprikasauce anrichten.

VARIANTE

Wirsing- statt Nudelteigblätter verwenden. Die Wirsingblätter werden dafür kurz in Salzwasser blanchiert, bekommen 1 TL Füllung verpasst, werden mit Zahnstochern zu kleinen Säckchen zusammengesteckt und über Wasserdampf gegart.

Nährwerte pro Portion:

400 kcal • **11 g** Eiweiß • **11 g** Fett • **61 g** Kohlenhydrate

Spaghetti mit sardischem Gemüse-Sugo

FÜR 2 PERSONEN

1 Zwiebel
4 Knoblauchzehen
600 g Tomaten
1 Fenchelknolle
1 Karotte
200 g Zucchini
2 EL Olivenöl
Salz
1/2 TL Oregano
1/2 TL Thymian
150 g Spaghetti
Pfeffer
4 EL geschnittenes Basilikum
1 EL geriebener Parmesan

ZUBEREITUNG: ca. 30 Min.

1. Zwiebel und Knoblauch abziehen und in Scheiben schneiden.
2. Tomaten in kochendes Wasser legen, abgießen, abtropfen lassen und abziehen, Stielansätze entfernen, Fruchtfleisch in Stücke schneiden.
3. Fenchel, Karotte und Zucchini putzen und in kleine Stücke schneiden.
4. In einem beschichteten Topf 1 EL Olivenöl erhitzen. Zwiebel darin anbraten. Knoblauch, Fenchel und Karotte dazugeben, anbraten, salzen und zugedeckt 10 Min. dünsten.
5. Tomaten untermischen, mit Oregano und Thymian würzen. Gemüse zu einer dicken Soße einkochen.
6. Spaghetti in Salzwasser kochen, abgießen und abtropfen lassen.
7. In einer Pfanne 1 El Öl erhitzen, Zucchini darin pfannenrühren, mit dem Gemüse-Sugo vermischen. Mit Salz und Pfeffer würzen.
8. Spaghetti mit Gemüse-Sugo, Basilikum und Parmesan anrichten.

Nährwerte pro Portion:

455 kcal • **17 g** Eiweiß • **14 g** Fett • **66 g** Kohlenhydrate

Penne mit Brokkoli und Tomaten-Pesto

FÜR 2 PERSONEN

200 g Brokkoli
200 g Lauch
200 g Champignons
1 Bund Basilikum
1 Knoblauchzehe
4 getrocknete Tomaten
1 EL geriebener Parmesan
2 1/2 EL Olivenöl
Salz, Pfeffer
150 g Penne

ZUBEREITUNG: ca. 30 Min.

1. Den Brokkoli putzen, in Röschen teilen und waschen. Den Lauch putzen, waschen und in Ringe schneiden. Die Champignons putzen, abbürsten und in Scheiben schneiden. Basilikum waschen, trockenschütteln und schneiden.
2. Den Knoblauch schälen. Die getrockneten Tomaten grob hacken. Mit dem Zauberstab die getrockneten Tomaten, Knoblauch, Parmesan und 2 EL Olivenöl grob pürieren. Den Tomaten-Pesto mit Salz und Pfeffer würzen.
3. Die Penne in Salzwasser bissfest kochen, abgießen und abtropfen lassen.
4. In der Garzeit der Nudeln 1/2 EL Ölivenöl in einer beschichteten Pfanne erhitzen. Die Brokkoliröschen darin unter Rühren anbraten. Champignons und Lauch dazugeben, unter Rühren anbraten. Das Gemüse salzen und zugedeckt 3 Min. dünsten.
5. Die abgetropften Penne mit Brokkoli, Pilzen, Lauch und Basilikum vermischen. Die Pasta portionsweise mit dem Tomaten-Pesto anrichten.

Nährwerte pro Portion:

510 kcal • **21 g** Eiweiß • **16 g** Fett • **72 g** Kohlenhydrate

Griechisches
Spinat-Kartoffel-Gratin

FÜR 2 PERSONEN

300 g fest kochende Kartoffeln
2 Knoblauchzehen
300 g Spinat
200 g Lauch
1 Tomate
80 g Schafkäse (Feta)
1 EL Olivenöl
Salz
Pfeffer
1 Eiweiß
1/2 Thymian
1/2 TL Basilikum
200 g Joghurt (1,5 % Fett)
1 Ei
Muskat

ZUBEREITUNG: ca. 25 Min.
BACKZEIT: ca. 25 Min.

1. Den Ofen auf 200 °C (Umluft 180 °C) vorheizen. Die Kartoffeln in der Schale weich dämpfen, schälen und in Scheiben schneiden. Den Knoblauch abziehen und hacken.

2. Den Spinat verlesen, waschen und abtropfen lassen. Den Spinat mit etwas Salz in einen großen Topf geben und bei guter Hitze in 2 Min. zusammenfallen lassen. Den Spinat in einem Sieb abtropfen lassen, leicht ausdrücken und in große Stücke schneiden.

3. Den Lauch waschen, putzen und in sehr feine Ringe schneiden. Die Tomate waschen. Den Stielansatz entfernen und das Fruchtfleisch in Scheiben schneiden. Den Schafkäse fein reiben.

4. In einer beschichteten Pfanne 1/2 EL Olivenöl erhitzen, Knoblauch und Lauch darin andünsten. Mit Salz und Pfeffer würzen.

5. Spinat, Knoblauch, Lauch, die Hälfte vom Schafkäse und Eiweiß vermischen. Mit Salz, Pfeffer, Thymian und Basilikum abschmecken.

6. Eine flache Form mit 1/2 EL Olivenöl ausstreichen. Die Spinatmischung darin verteilen. Die Kartoffelscheiben und die Tomate dachziegelartig darauf legen.

7. Mit dem Schneebesen den Joghurt und das Ei verquirlen. Den Guss mit Muskat, Salz und Pfeffer abschmecken und auf dem Gratin verteilen. Den restlichen Schafkäse darüber streuen.

8. Das Gratin im vorgeheizten Ofen 25 Min. backen.

SCHLAU KOMBINIERT

Sie müssen bei einer Säure-Basen-bewussten Ernährung auf nichts verzichten – wenn Sie die Lebensmittel gut kombinieren. Dieses Gratin enthält proteinreichen Käse und Eier, beides starke Säurebildner. Dazu Joghurt, ein gering säurebildendes Milchprodukt. Trotzdem schlägt bei diesem Rezept das Pendel sehr deutlich auf die basenbildende Seite aus. Grund dafür ist der hohe Gemüseanteil. Vor allem der Spinat treibt die Basenbildung in die Höhe. Aber auch die ausgleichenden Kartoffeln sorgen dafür, dass Sie wertvolles Eiweiß verspeisen können und dabei trotzdem auf der basensicheren Seite sind.

Nährwerte pro Portion:

340 kcal • **23 g** Eiweiß • **17 g** Fett • **25 g** Kohlenhydrate

Knusprige
Tofu-Bällchen

FÜR 2 PERSONEN
FÜR DAS GEMÜSE
200 g Karotten
200 g Kohlrabi
4 Frühlingszwiebeln
1 EL Öl
5 EL Gemüsebrühe
1 EL Zitronensaft
Salz, Pfeffer

FÜR DIE TOFU-BÄLLCHEN
1 Schalotte
1 Knoblauchzehe
200 g Tofu
1/2 TL frischer, gehackter Ingwer
2 EL gehackte Petersilie
1/2 TL Currypulver
1–2 EL Sojasauce
1–2 EL Mehl
Salz
Öl zum Ausbacken

ZUBEREITUNG: ca. 40 Min.

1. Die Karotten und die Kohlrabi putzen und in feine Stifte schneiden. Die Frühlingszwiebeln waschen, putzen und in dicke Ringe schneiden. (Zubereitet wird das Gemüse erst am Schluss – minutenschnell. Wenn die Tofu-Bällchen schon fertig sind.)

2. Den Backofen auf 70 °C (Umluft 50 °C) vorheizen. Für die Tofu-Bällchen die Schalotte und die Knoblauchzehe abziehen und hacken. Den Tofu kalt abspülen, trockentupfen und mit der Gabel fein zerdrücken.

3. Den Tofu mit Schalotte, Knoblauch, Ingwer, Petersilie, Currypulver, Sojasauce und Mehl vermischen. Alles mit den Händen zu einer festen Masse verkneten. Mit Salz abschmecken.

4. Aus der Tofumasse kleine Bällchen mit 2,5 cm Durchmesser formen. Im Wok oder einer Pfanne reichlich Öl erhitzen. Die Tofu-Bällchen darin rundum knusprig braun braten und auf Küchenkrepp abtropfen lassen. Dabei nicht zu viele Bällchen auf einmal ausbraten. Das Öl schäumt sonst über.

5. Fertige Bällchen im vorgeheizten Ofen warm halten, bis die gesamte Masse verbraucht ist.

6. Wenn die Tofu-Bällchen fertig sind, wird das Gemüse zubereitet. Dafür im Wok oder einer beschichteten Pfanne 1 EL Öl erhitzen. Die Karotten darin 1 Min. unter Rühren braten. Kohlrabi und Frühlingszwiebeln dazugeben, leicht salzen und kurz braten.

7. Mit der Gemüsebrühe aufgießen und das Gemüse zugedeckt 3 Min. dünsten. Das Gemüse vom Herd nehmen, mit Zitronensaft, Salz und Pfeffer abschmecken.

8. Das Wokgemüse portionsweise mit den Tofu-Bällchen anrichten.

DAZU NATURREIS

Bei diesem vegetarischen Gericht liegen alle Zutaten (bis auf 1 EL Mehl) im basenbildenden Bereich. Darum können Sie mit gutem Appetit dazu eine Portion Naturreis (60 g roh) essen. Der bringt die erleichternden Ballaststoffe und viele nervenstärkende B-Vitamine auf den Teller.

Nährwerte pro Portion:

320 kcal • **13 g** Eiweiß • **22 g** Fett • **20 g** Kohlenhydrate

Kichererbsen

mit Aprikosen

FÜR 2 PERSONEN

1 kleine Dose Kichererbsen
1 kleine Zwiebel
2 Knoblauchzehen
1 kleine Dose geschälte Tomaten
80 g getrocknete, ungeschwefelte Aprikosen
3 EL Olivenöl
Salz
Chilipulver
Oregano
200 ml Gemüsebrühe
1 EL Zitronensaft
2 EL gehackte Petersilie
100 g Joghurt

ZUBEREITUNG: ca. 15 Min.
GARZEIT: ca. 40 Min.

1. Die Kichererbsen abgießen und abtropfen lassen. Die Zwiebel und den Knoblauch schälen und fein hacken. Die Tomaten abgießen und in Stücke schneiden. Die Aprikosen in kleine Stücke schneiden.
2. Das Olivenöl in einer Pfanne erhitzen. Die Zwiebel darin zuerst glasig dünsten, dann goldgelb anbraten.
3. Den Knoblauch und die Kichererbsen dazugeben und unter Rühren anbraten. Tomaten und Aprikosen dazugeben. Mit Salz, Chilipulver und Oregano würzen und 6 Min. bei guter Hitze braten.
4. Die Gemüsebrühe unterrühren und köcheln lassen, bis die Aprikosen weich sind. Die Kichererbsen sollen von einer sämigen Sauce umgeben sein.
5. Die Kichererbsen mit Zitronensaft, Salz und Chilipulver abschmecken und mit Petersilie bestreut servieren. Den Joghurt dazureichen.

KLASSISCH KOMBINIERT

Diese Mischung aus Kichererbsen, Tomaten und Aprikosen ist traditionelle Hausmannskost aus dem Nahen Osten.

Nährwerte pro Portion:

485 kcal • **18 g** Eiweiß • **20 g** Fett • **53 g** Kohlenhydrate

Spinatrisotto

FÜR 2 PERSONEN

1 Zwiebel
4 Knoblauchzehen
1 Bund Petersilie
300 g Spinat
120 g Naturreis (Rundkorn)
1 EL Olivenöl
500 – 700 ml Gemüsebrühe
Muskat
1 Lorberblatt
1 TL abgeriebene Schale von 1 unbehandelten Zitrone
Pfeffer
Salz
4 EL Weißwein
2 EL geriebener Parmesan

ZUBEREITUNG: ca. 15 Min.
GARZEIT: ca. 50 Min.

1. Die Zwiebel und den Knoblauch abziehen und fein hacken. Die Petersilie waschen, trockenschütteln und hacken. Den Spinat verlesen, waschen und abtropfen lassen. Den Reis in einem Sieb abbrausen und gut abtropfen lassen.

2. Das Öl in einem flachen beschichteten Topf erhitzen. Zwiebel und Knoblauch darin glasig dünsten. Den Reis unterrühren und kurz anbraten, bis alle Körner glänzend mit Öl überzogen sind.

3. Die Hälfte der Petersilie untermischen und kurz andünsten. Den Reis mit 600 ml Gemüsebrühe aufgießen. Mit Muskat, Lorbeer, Zitronenschale und Pfeffer würzen. Den Reis zum Kochen bringen und zugedeckt 40 Min. köcheln.

4. Den Topf öffnen und den Risotto in ca. 5 – 10 Min. fertig garen. Dabei ab und zu umrühren und, wenn notwendig, noch etwas Brühe angießen.

5. Den Spinat mit etwas Salz in einen großen Topf geben und zugedeckt bei guter Hitze in 3 Min. zusammenfallen lassen. Den Spinat in einem Sieb abtropfen lassen und in große Stücke schneiden.

6. Spinat und Weißwein mit dem Risotto vermischen und kurz erhitzen. Der Risotto soll leicht suppig sein und darf nicht zu trocken werden.

7. Den Parmesan und die restliche Petersilie untermischen. Den Risotto mit Salz und Pfeffer abschmecken.

BASENBILDENDER SPINAT

Die zarten grünen Blätter haben starke Basenpower und sind darum ideal, um die Säurelast aus gesundem Getreide auszugleichen. Kombinieren Sie Spinat auch mit nährstoffreicher Hirse, mit Polenta oder mit Bulgur.

Nährwerte pro Portion:

430 kcal • **15 g** Eiweiß • **12 g** Fett • **56 g** Kohlenhydrate

Schmortopf mit Champignons, Paprika und Fenchel

FÜR 2 PERSONEN
2 große Zwiebeln
2 Knoblauchzehen
1 rote Paprika
1 Fenchelknolle
300 g Champignons
1 kleine Dose geschälte Tomaten
2 EL Olivenöl
Salz
1 TL Oregano
1 TL Thymian
1 Lorbeerblatt
Pfeffer

ZUBEREITUNG: ca. 20 Min.
GARZEIT: ca. 30 Min.

1. Die Zwiebeln abziehen und in Ringe schneiden. Die Knoblauchzehen abziehen und hacken. Die Paprika und den Fenchel waschen und putzen. Paprika in Streifen, Fenchel in Scheiben schneiden.
2. Die Champignons abbürsten und vierteln. Die geschälten Tomaten abgießen. Den Saft auffangen. Das Fruchtfleisch in Stücke schneiden.
3. In einem flachen Topf das Öl erhitzen. Die Zwiebeln darin glasig dünsten. Knoblauch, Paprika und Fenchel dazugeben, leicht salzen und unter Rühren kurz anbraten.
4. Die Champignons, Tomaten und Tomatensaft untermischen. Das Gemüse mit Oregano, Thymian, Lorbeer, Salz und Peffer würzen.
5. Den Gemüsetopf zugedeckt 30 Min. bei milder Hitze schmoren. Dabei ab und zu umrühren.

Nährwerte pro Portion:
195 kcal • **10 g** Eiweiß • **11 g** Fett • **13 g** Kohlenhydrate

Spargel mit Kerbelsauce

FÜR 2 PERSONEN
FÜR DIE SAUCE
1 kleine Zwiebel
1/2 Bund Petersilie
1 mehlige Kartoffel
2 EL Butter
200 ml Gemüsebrühe
1 Prise Muskat
1 TL abgeriebene Schale von 1 unbehandelten Zitrone
3 EL Sahne
1 Bund Kerbel
Salz, Pfeffer

FÜR DEN SPARGEL
1 kg weißer Spargel
Salz
4 Zitronenscheiben
1 Prise Zucker

ZUBEREITUNG: ca. 30 Min.

1. Die Zwiebel abziehen und hacken. Die Petersilie waschen, abtropfen lassen und hacken. Die Kartoffel waschen, schälen und würfeln.
2. In einem kleinen Topf 1 EL Butter erhitzen. Die Zwiebel darin andünsten. Petersilie und Kartoffel dazugeben, salzen und kurz andünsten. Mit der Gemüsebrühe aufgießen, mit Muskat und Zitronenschale würzen. Ca. 10 Min. zugedeckt köcheln bis die Kartoffeln weich sind.
3. Die Sauce mit dem Zauberstab pürieren. 1 EL Butter und die Sahne unterrühren.
4. Den Kerbel waschen, trockenschütteln, fein hacken und mit der Sauce vermischen. Die Kerbelsauce mit Salz und Pfeffer abschmecken.
5. Den Spargel waschen und die trockenen Enden abschneiden. Den Spargel schälen.
6. Reichlich Salzwasser mit den Zitronenscheiben und einer Prise Zucker zum Kochen bringen. Den Spargel hinzufügen und zugedeckt bissfest köcheln.
7. Den Spargel auf einer Platte anrichten. Die Kerbelsauce nochmals kurz erhitzen und zum Spargel reichen.

Nährwerte pro Portion:
280 kcal • **9 g** Eiweiß • **17 g** Fett • **21 g** Kohlenhydrate

Vegi-Burger

mit rosa Basilikum-Dip

FÜR 2 PERSONEN

FÜR DIE BURGER

400 g Kartoffeln
1 Karotte
3 Frühlingszwiebeln
100 g Sellerie
1/2 Bund Petersilie
1 Ei
1 Eiweiß
1 – 2 EL Mehl
Muskat, Salz, Pfeffer
Öl zum Braten

FÜR DEN JOGHURT-BASILIKUM-DIP

1 Bund Basilikum
1 Knoblauchzehe
150 g Joghurt
2 TL Tomatenmark
Salz, Pfeffer

ZUBEREITUNG: ca. 50 Min.
GARZEIT: ca. 30 Min.

1. Die Kartoffeln in der Schale weich dämpfen, abziehen und durch die Kartoffelpresse drücken. Die Karotte und die Frühlingszwiebeln waschen und putzen. Die Karotte grob reiben, die Frühlingszwiebeln in Ringe schneiden.

2. Sellerie schälen und fein reiben. Die Petersilie waschen, trockenschütteln und sehr fein hacken.

3. Den Backofen auf 200 °C (Umluft 180 °C) vorheizen. Das Ei trennen. Die Kartoffeln, die zwei Eiweiße, Mehl, Karotte, Frühlingszwiebeln und Petersilie verrühren. Die Masse mit Muskat, Salz und Pfeffer abschmecken.

4. Aus der Masse dünne Burger formen. Das Eigelb verquirlen. Die Burger auf der Oberseite mit Eigelb bestreichen. Öl in einer beschichteten Pfanne erhitzen. Die Burger mit der bestrichenen Seite in die Pfanne legen und in ca. 3 – 4 Min. knusprig braun braten.

5. Die Burger umdrehen und auch die zweite Seite mit Eigelb bestreichen und goldbraun braten. Nicht zu viele Vegi-Burger auf einmal braten.

6. Fertige Burger im Backofen warm halten, bis die gesamte Masse verarbeitet ist.

7. Für den Dip das Basilikum waschen, trockenschütteln und fein schneiden. Den Knoblauch abziehen und fein hacken.

8. Den Joghurt mit dem Tomatenmark glatt rühren. Basilikum und Knoblauch untermischen. Den Dip mit Salz und Pfeffer abschmecken. Den rosaroten Basilikum-Dip zu den Burgern reichen.

DAS SCHMECKT KINDERN

Kleine Feinschmecker essen gerne aus der Hand. Zu den Vegi-Burgern gibt es darum auch Gemüsesticks mit Kräuter-Joghurt (s. Seite 35).

Nährwerte pro Portion:

360 kcal • **14 g** Eiweiß • **17 g** Fett • **39 g** Kohlenhydrate

Grünrotes Gemüsecurry

mit würzigem Tofu

FÜR 4 PERSONEN

250 g Tofu
2 Knoblauchzehen
2 TL gehackter Ingwer
4 EL Sojasauce
1 1/2 TL Currypulver
1 Zwiebel
200 g grüne Bohnen
2 rote Paprikaschoten
300 g Lauch
200 g Brokkoli
3 EL Öl
Salz
250 ml Gemüsebrühe
2 EL Zitronensaft
2 EL frischer, gehackter Koriander oder gehackte Petersilie

ZUBEREITUNG: ca. 30 Min.
MARINIERZEIT: ca. 30 Min.

1. Den Tofu abwaschen, trockentupfen und in Würfel schneiden. Den Knoblauch abziehen und hacken. Den Tofu mit Knoblauch, 1 TL Ingwer, Sojasauce und 1/2 TL Currypulver vermischen. Den Tofu 30 Min. darin marinieren.
2. Die Zwiebel abziehen und in Ringe schneiden. Das Gemüse waschen und putzen. Die Bohnen in 3 cm lange Stücke und die Paprika in dünne Streifen schneiden. Den Lauch in Ringe schneiden. Den Brokkoli in kleine Röschen zerteilen.
3. Den Tofu aus der Marinade nehmen und abtropfen lassen. In einem Wok 1 EL Öl erhitzen. Den Tofu darin auf zweimal unter Rühren knusprig braun braten. Den Tofu aus dem Wok nehmen. Wenn notwendig, den Wok ausspülen und abtrocknen.
4. Im Wok 2 EL Öl erhitzen. Die Zwiebelringe darin zuerst glasig dünsten, dann unter Rühren goldgelb braten. 1 TL Currypulver mit den Zwiebelringen vermischen und kurz anrösten.
5. Die Bohnen, Paprika und Lauch dazugeben, leicht salzen und unter Rühren kurz braten.
6. Den Brokkoli untermischen und mit der Brühe aufgießen. Das Curry mit 1 TL Ingwer würzen und zugedeckt ca. 12 Min. köcheln lassen. Das Gemüse soll weich sein, aber noch einen leichten Biss haben.
7. Die gebratenen Tofuwürfel untermischen und kurz erhitzen. Das Curry mit Zitronensaft abschmecken und mit Koriander bestreut servieren.

SATTMACHER

Zum Curry gibt es zur Abwechslung Couscous. Der grobe Weizengrieß wird in die gleiche Menge kochendes Salzwasser eingerührt und quillt zugedeckt bei kleiner Flamme aus.

Nährwerte pro Portion:

200 kcal • **10 g** Eiweiß • **12 g** Fett • **12 g** Kohlenhydrate

Kohlrabi in Zitronen-Minz-Sauce

FÜR 2 PERSONEN
500 g junge Kohlrabi
1 kleine rote Paprika
2 Zweige frische Minze
150 ml Gemüsebrühe
1 TL fein, gehackte Zitronenschale
1 EL Crème fraîche
1 – 2 EL Zitronensaft
Salz
Pfeffer

ZUBEREITUNG: ca. 20 Min.

1. Die Kohlrabi schälen und mit dem Gurkenhobel (oder mit dem Messer) in sehr feine Scheibchen schneiden.
2. Die Paprika waschen und halbieren. Den Stielansatz und die Trennwände entfernen. Das Fruchtfleisch in kleine Würfel schneiden.
3. Die Minze waschen und trockenschütteln. Einige Blättchen für die Garnierung ganz lassen. Die restliche Minze fein schneiden.
4. Das Öl in einem flachen Topf erhitzen. Die Kohlrabi dazugeben, leicht salzen und zugedeckt 5 Min. bei mittlerer Hitze andünsten, dabei ab und zu umrühren.
5. Die Brühe und die gehackte Zitronenschale dazugeben und zugedeckt noch 3 – 4 Min. kochen lassen. Die Kohlrabi sollen noch einen leichten Biss haben.
6. Crème fraîche und Zitronensaft verrühren, mit den Kohlrabi vermischen. Kohlrabi aufkochen. Minze untermischen.
7. Die Kohlrabi in Zitronen-Minz-Cremesauce mit Salz und Pfeffer abschmecken, mit Paprikastückchen und Minze garnieren.

Nährwerte pro Portion:

100 kcal • **4 g** Eiweiß • **4 g** Fett • **10 g** Kohlenhydrate

Aus dem Wok – Austernpilze, Zuckererbsen und Lauch

FÜR 2 PERSONEN
250 g Austernpilze
200 g Lauch
100 g Zuckererbsenschoten
1/2 Bund Petersilie
1 – 2 EL helle Sojasauce
2 EL Medium Sherry
1/2 TL Speisestärke
1 TL frischer, gehackter Ingwer
Chilipulver
1 EL Öl
Salz

ZUBEREITUNG: ca. 30 Min.

1. Von den Austernpilzen die harten Knorpel abschneiden. Die Austerpilze trocken abtupfen und in Stücke schneiden. Den Lauch putzen, waschen, längs halbieren und in feine Streifen schneiden.
2. Die Erbsenschoten waschen, putzen und diagonal durchschneiden. Die Petersilie waschen, trockenschütteln und hacken.
3. Sojasauce, Sherry, Speisestärke, Ingwer und Chili gut verrühren.
4. Im Wok das Öl erhitzen. Austernpilze, Lauch und Zuckererbsen dazugeben. Leicht salzen und unter 5 Min. braten.
5. Die Saucenmischung dazugeben. Das Gemüse unter Rühren erhitzen, bis die Sauce bindet. Die Petersilie untermischen.

Nährwerte pro Portion:

170 kcal • **18 g** Eiweiß • **8 g** Fett • **35 g** Kohlenhydrate

Knuspriger Fisch

mit Ananas

FÜR 4 PERSONEN

1 Zwiebel
3 Knoblauchzehen
1 große rote Paprika
200 g Karotten
2 Stiele Stangensellerie
200 g Zucchini
200 g frische Ananas
4 Zweige Koriander
300 g gefrorenes Fischfilet in Blockform (Polardorsch oder Hoki)
1 EL Öl, Salz
3 EL Speisestärke
Öl zum Ausbacken

FÜR DIE SAUCE

4 EL Sherry
3 EL Sojasauce
150 ml Wasser
1 TL Honig
1 EL Tomatenmark
1 Prise Chilipulver
1 TL frischer, gehackter Ingwer
1 TL Speisestärke

ZUBEREITUNG: ca. 30 Min.

1. Zwiebel und Knoblauch schälen und hacken. Paprika, Karotten, Stangensellerie und Zucchini waschen und putzen. Paprika in dünne Streifen, Karotten in feine Stifte schneiden. Stangensellerie und Zucchini in dünne Scheiben schneiden.
2. Die Ananas schälen, die harten Augen und den Strunk entfernen. Das Fruchtfleisch in kleine Stücke schneiden. Den Koriander abbrausen, trockentupfen und abzupfen.
3. Den gefrorenen Fisch mit einem in heißes Wasser getauchten Messer in schöne Würfel schneiden.
4. Für die Sauce Sherry, Sojasauce, 150 ml Wasser, Honig, Tomatenmark, Chilipulver und Ingwer verrühren. 1 TL Speisestärke mit 2 EL Wasser glatt rühren.
5. Im Wok 1 EL Öl erhitzen. Die Zwiebel darin unter Rühren anbraten. Knoblauch, Ingwer, Paprika und Karotten dazugeben, leicht salzen, unter Rühren kurz braten. Sellerie, Zucchini und Ananas dazugeben. 1 Min. unter Rühren braten.
6. Die Saucenmischung in den Wok gießen und das Gemüse zugedeckt 5 Min. dünsten. Die aufgelöste Speisestärke unterrühren und erhitzen bis die Sauce bindet.
7. Während das Gemüse gart, den Fisch zubereiten. Die Fischwürfel leicht salzen und in restlicher Speisestärke wenden.
8. Reichlich Öl in einer Pfanne erhitzen, den Fisch darin goldgelb ausbacken und auf Küchenpapier abtropfen lassen. Nicht zu viele Fischstückchen auf einmal in das heiße Öl geben. Es schäumt sonst über.
9. Den knusprigen Fisch auf dem süßsauren Gemüse mit Ananas anrichten und mit Koriander bestreuen.

Nährwerte pro Portion:

280 kcal • **16 g** Eiweiß • **11 g** Fett • **25 g** Kohlenhydrate

Italienisches Fischfilet

mit Tomaten und Paprika

FÜR 2 PERSONEN

1 Zwiebel
2 Knoblauchzehen
400 g Tomaten
1 rote Paprika
1 grüne Paprika
1 Bund Basilikum
250 g Fischfilet (Seeteufel, Kabeljau oder Hoki)
1 EL Olivenöl
1 TL Oregano
1 Lorbeerblatt
Salz
Pfeffer

ZUBEREITUNG: ca. 40 Min.

1. Die Zwiebel und den Knoblauch abziehen und hacken. Tomaten kurz in kochendes Wasser legen, abgießen, abziehen und vierteln. Paprika waschen, putzen und in Streifen schneiden. Basilikum waschen, trockenschütteln und fein schneiden.
2. Das Fischfilet abwaschen, trockentupfen und in Stücke schneiden.
3. Das Öl in einer großen beschichteten Pfanne erhitzen. Zwiebel und Knoblauch darin zuerst bei milder Hitze glasig dünsten, dann unter Rühren kurz anbraten.
4. Die Paprika dazugeben, unter Rühren braten. Tomaten dazugeben, mit Oregano, Lorbeer, Salz und Pfeffer würzen. Das Paprika-Tomaten-Gemüse 10 Min. köcheln.
5. Die Fischstücke auf das Gemüse legen und einige Esslöffel Gemüsesauce darauf verteilen. Das Fischfilet zugedeckt ca. 6 – 8 Min. dünsten.
6. Das Fischfilet portionsweise auf dem Tomaten-Paprika-Gemüse anrichten und mit Basilikum bestreuen.

RUNDUM SATT UND BASENSICHER

Der Mensch lebt nicht vom Fisch allein. Darum schmecken zu diesem südlichen Fischgericht auch knusprige Kartoffelschnitze. Die tolle Knolle ist eine perfekte Beilage! Sie gehört zu den gefragten Basenbildnern und macht, fettarm zubereitet, auch nicht dick.

KARTOFFELSCHNITZE AUS DEM BACKOFEN

400 g Kartoffeln
Salz
Pfeffer
1 EL Olivenöl

Den Ofen auf 200 °C (Umluft 180 °C) vorheizen. Die Kartoffeln waschen, schälen und in Schnitze schneiden.
Die Kartoffeln auf ein Backblech legen, mit Salz und Pfeffer würzen und mit dem Olivenöl beträufeln. Die Kartoffeln im vorgeheizten Ofen ca. 20 Min. backen.

Nährwerte pro Portion:

180 kcal • **24 g** Eiweiß • **6 g** Fett • **8 g** Kohlenhydrate

Bratfisch

mit Kräuter-Gemüse

FÜR 2 PERSONEN

1 Knoblauchzehe
2 Fischfilets à 130 g (Seeteufel, Kabeljau, Hoki oder Seelachs)
4 EL Zitronensaft
1/2 TL edelsüßes Paprikapulver
1 Karotte
300 g Brokkoli
4 Frühlingszwiebeln
1/2 Bund Petersilie
4 Zweige Dill
1 EL weiche Butter
1 TL Senf
Salz, Pfeffer
4 EL Mehl
1 EL Olivenöl

ZUBEREITUNG: ca. 30 Min.

1. Die Knoblauchzehe abziehen und durchpressen. Die Fischfilets abwaschen und trockentupfen. Die Fischfilets mit 2 EL Zitronensaft beträufeln, mit Knoblauch und Paprikapulver einreiben. Die Fischfilets 20 Min. marinieren lassen.
2. Karotte, Brokkoli und Frühlingszwiebeln waschen und putzen. Die Karotte in dünne Scheiben schneiden. Den Brokkoli in kleine Röschen teilen. Die Frühlingszwiebeln in große Stücke schneiden. Petersilie und Dill waschen, trockenschütteln und hacken.
3. Die weiche Butter, 2 EL Zitronensaft, Senf, Petersilie und Dill vermischen. Die Kräuterbutter mit Salz und Pfeffer abschmecken.
4. Die Fischfilets abtropfen lassen, salzen und pfeffern. Die Fischfilets im Mehl wenden, überschüssiges Mehl abschütteln.
5. In einer beschichteten Pfanne 1 EL Olivenöl erhitzen. Die Fischfilets darin auf jeder Seite 3 – 4 Min. knusprig braun braten.
6. Während der Fisch brät, das Gemüse zugedeckt in einem Siebeinsatz über Wasserdampf in 6 – 8 Min. bissfest garen.
7. Das Gemüse mit der Kräuterbutter vermischen. Die gebratenen Fischfilets portionsweise auf dem Kräutergemüse anrichten.

VARIANTE

Köstlich schmeckt dieser würzige und knusprig gebratene Fisch auch mit einem saftigen Salat. Probieren Sie dazu doch den Fenchel-Paprika-Tomaten-Salat von Seite 44.

Nährwerte pro Portion:

330 kcal • **30 g** Eiweiß • **11 g** Fett • **28 g** Kohlenhydrate

Gebratenes Zanderfilet

auf Asia-Sprossen-Gemüse

FÜR 2 PERSONEN

2 Knoblauchzehen
2 Zanderfilets (à 130 g)
1 TL frischer, geriebener Ingwer
3 EL Zitronensaft
1 rote Paprika
1 Karotte
1 Zucchino
2 Frühlingszwiebeln
50 g Sojasprossen
2 EL helle Sojasauce
3 EL Medium Sherry
1 Prise Chilipulver
1/2 TL Speisestärke
Salz
2 EL Öl
2 Zitronenspalten
Einige Korianderblättchen
1 TL gerösteter Sesam

ZUBEREITUNG: ca. 30 Min.

1. Die Knoblauchzehen abziehen. Eine Knoblauchzehe durchpressen, die andere hacken. Die Zanderfilets abwaschen, trockentupfen und auf der Hautseite mehrmals leicht einschneiden.
2. Die Zanderfilets mit dem durchgepressten Knoblauch und 1/2 TL Ingwer einreiben. Zanderfilets mit dem Zitronensaft beträufeln und 30 Min. marinieren lassen.
3. Paprika, Karotte und Zucchino waschen und putzen. Paprika in Streifen, Karotte in Stifte und Zucchino in Scheiben schneiden. Die Frühlingszwiebeln in Ringe schneiden. Die Sprossen abbrausen und abtropfen lassen.
4. 1/2 TL Ingwer, Sojasauce, Sherry, Chilipulver und Speisestärke glatt rühren.
5. Die Zanderfilets mit Salz und Chili würzen, im Mehl wenden und überschüssiges Mehl abschütteln.
6. In einer beschichteten oder gusseisernen Pfanne 1 EL Öl erhitzen. Die Zanderfilets zuerst auf der Hautseite ca. 4 Min. braten. Zanderfilets umdrehen und auf der Fleischseite noch kurz braten, bis der Fisch gar ist.
7. Während der Fisch brät, 1 EL Öl im Wok oder einer beschichteten Pfanne erhitzen. Den gehackten Knoblauch und Paprika darin kurz anbraten und leicht salzen. Karotte, Zucchino und Sprossen untermischen, leicht salzen und unter Rühren kurz braten. Die Saucenmischung unterrühren und kurz erhitzen, bis die Sauce bindet.
8. Die gebratenen Zanderfilets portionsweise auf dem Asia-Sprossen-Gemüse anrichten. Zanderfilets mit Zitronenspalten und Koriander garnieren und mit geröstetem Sesam bestreuen.

Nährwerte pro Portion:

320 kcal • **30 g** Eiweiß • **13 g** Fett • **13 g** Kohlenhydrate

Aus dem Dampf –

Lachs im grünen Bett

FÜR 2 PERSONEN

FÜR DAS LACHSFILET

100 g Spinat
100 g Lauch
2 Stiele Bleichsellerie
1/2 Biozitrone
2 Scheiben Lachsfilet à 130 g
Salz, Chilipulver
1 TL frischer, gehackter Ingwer
2 TL gerösteter Sesam

FÜR DEN ASIA-DIP

3 EL helle Sojasauce
3 EL Medium Sherry
3 EL passierte Tomaten
1/2 TL Honig
1 Prise Chilipulver
1/2 TL geröstetes Sesamöl

ZUBEREITUNG: ca. 30 Min.

1. Den Spinat verlesen, waschen und in mundgerechte Stücke zupfen. Den Lauch und den Bleichsellerie waschen und putzen. Den Lauch längs halbieren und in feine Streifen schneiden. Den Bleichsellerie in feine Stifte schneiden.

2. Die Zitronenschale dünn abschneiden und in feine Streifen schneiden (oder mit dem Zestenreißer feine Streifen abreißen). Die Zitrone auspressen.

3. Die Lachsfilets abwaschen, trockentupfen, mit Salz und Chilipulver würzen.

4. Spinat und Lauch auf einem großen Teller verteilen. Die Lachsfilets darauf legen, mit Zitronensaft beträufeln, mit Ingwer und Bleichselleriestiften bestreuen.

5. Eine Tasse in einen Wok oder einen großen, flachen Topf stellen. Den Wok ca. 5 cm hoch mit Wasser füllen. Das Wasser zum Kochen bringen.

6. Den Teller mit dem Lachsfilet im grasgrünen Bett auf die Tasse stellen. Den Fisch zugedeckt im Wasserdampf 10–12 Min. garen.

7. Für den Asia-Dip die Sojasauce mit Sherry, passierten Tomaten, Honig, Chilipulver und geröstetem Sesamöl vermischen.

8. Die gedämpften Lachsfilets portionsweise auf dem Gemüsebett anrichten. Den Asia-Dip und die gerösteten Sesamkörner auf das Lachsfilet geben.

REZEPTBAUSTEINE

Zu diesem feinen Fischgericht schmeckt auch die Kerbelsauce von Seite 78. Das Kräutlein hat gerade keine Saison? Dann ersetzen Sie es durch Basilikum, Petersilie oder Dill.

Nährwerte pro Portion:

385 kcal • **31 g** Eiweiß • **22 g** Fett • **10 g** Kohlenhydrate

Gebratene Hühnerkeule

mit grünen Bohnen

FÜR 2 PERSONEN

1 Zwiebel
500 g reife Tomaten
300 g grüne Bohnen
1 Bund Petersilie
2 EL Olivenöl
1/2 TL Oregano
1/2 TL Thymian
2 Hühnerkeulen (à 150g)
Salz, Pfeffer

ZUBEREITUNG: ca. 40 Min.

1. Die Zwiebel abziehen und hacken. Die Tomaten kurz in kochendes Wasser legen, abgießen und abziehen. Die Stielansätze entfernen und das Fruchtfleisch würfeln.

2. Die Bohnen putzen, waschen und in 3 cm lange Stücke schneiden. Die Petersilie waschen, trockenschütteln und hacken.

3. In einer beschichteten Pfanne 1 EL Olivenöl erhitzen. Die Zwiebeln darin andünsten. Die Hälfte der Petersilie untermischen und kurz mitdünsten.

4. Tomaten, Oregano und Thymian dazugeben. Die Tomaten mit Salz und Pfeffer würzen, in 15 Min. zu einer dicken Sauce einkochen.

5. Die Bohnen zugedeckt in einem Siebeinsatz über Wasserdampf in 7–10 Min. bissfest garen.

6. Die Bohnen mit der Tomatensauce vermischen. Das Gemüse noch einige Min. köcheln und mit der restlichen Petersilie vermischen.

7. Die Hähnchenkeulen abwaschen, trockentupfen, salzen und pfeffern.

8. In einer beschichteten Pfanne 1 EL Olivenöl erhitzen. Die Hähnchenkeulen darin rundum anbraten und bei milder Hitze fertig garen.

9. Die gebratenen Hähnchenkeulen mit den grünen Bohnen in Tomatensauce anrichten.

SCHNELLE KÜCHE

Keine Zeit? Dann bereiten Sie dieses herzhafte Gericht mit tiefgekühlten Bohnen und Tomaten aus der Dose zu. Sogar die Zwiebeln gibt es aus der Eiseskälte.

Nährwerte pro Portion:

355 kcal • **26 g** Eiweiß • **23 g** Fett • **11 g** Kohlenhydrate

Wokpfanne

mit Rindfleisch, Weißkohl und Sprossen

FÜR 2 PERSONEN

200 g Rindfleisch
2 TL Speisestärke
3 EL Sojasauce
2 Knoblauchzehen
1 Karotte
1 rote Paprika
200 g Weißkraut
2 Frühlingszwiebeln
50 g Sojasprossen
4 EL Medium Sherry
1 Prise Chilipulver
2 EL Öl
Salz

ZUBEREITUNG: ca. 30 Min.
MARINIERZEIT: ca. 30 Min.

1. Das Fleisch abwaschen, trockentupfen und in Streifen schneiden. Das Fleisch mit 1 TL Speisestärke und 1 EL Sojasauce vermischen. 30 Min. marinieren lassen.

2. Die Knoblauchzehen abziehen und hacken. Die Karotte, Paprika und Weißkraut waschen und putzen. Die Karotte in Stifte, die Paprika in Streifen schneiden. Das Weißkraut in Streifen, die Frühlingszwiebeln in Ringe schneiden. Die Sprossen abbrausen und abtropfen lassen.

3. 2 EL Sojasauce, Sherry, Chilipulver und 1 TL Speisestärke verrühren.

4. Im Wok 1 EL Öl erhitzen. Das Fleisch darin unter Rühren braten. Fleisch aus dem Wok nehmen. Wenn notwendig, den Wok auswaschen und austrocknen.

5. Im Wok 1 EL Öl erhitzen. Knoblauch, Karotte und Paprika dazugeben, salzen und unter Rühren 3 Min. braten. Das Weißkraut dazugeben und 2 Min. braten. Die Sprossen untermischen und weitere 2 Min. braten.

6. Die Sojamischung und das gebratene Fleisch unterrühren. Erhitzen, bis die Sauce bindet. Das Wokgericht auf einer Platte anrichten und mit Frühlingszwiebeln bestreuen.

GRUNDREZEPT

Dieses Wok-Gericht schmeckt auch mit Hühnerfleisch oder gebratenem Tofu (s. Seite 82). Sie können auch knusprigen Fisch (s. Seite 86) darüber streuen.

Nährwerte pro Portion:

345 kcal • **26 g** Eiweiß • **15 g** Fett • **19 g** Kohlenhydrate

Knuspriges Kartoffelrösti

FÜR 2 PERSONEN
500 g Kartoffeln
Salz
Pfeffer
Muskat
1 – 2 EL Olivenöl
ZUBEREITUNG: ca. 30 Min.

1. Die Kartoffeln waschen, schälen und grob reiben. Die Kartoffeln mit Salz, Pfeffer und Muskat vermischen.
2. Eine große beschichtete oder gusseiserne Pfanne mit Olivenöl ausstreichen. Die geraspelten Kartoffeln darin in einer 1,5 cm dicken Schicht verteilen und leicht andrücken.
3. Die Kartoffeln zuerst bei guter Temperatur kurz anbraten, dann die Temperatur reduzieren. Die Kartoffeln zudecken und ca. 15 Min. garen.
4. Das Rösti auf einen Teller stürzen. Die Pfanne mit restlichem Olivenöl ausstreichen. Das Rösti wieder in die Pfanne gleiten lassen und fertig braten.

VIELSEITIG

Kartoffelrösti sind eine prima Beilage zu kurz gebratenen Fleischstücken. Sie schmecken aber auch allein mit Joghurt-Dip und Salat.

Nährwerte pro Portion:
205 kcal • **4 g** Eiweiß • **8 g** Fett • **30 g** Kohlenhydrate

Lammsteaks mit Kräuter-Oliven-Butter und Zucchini

FÜR 2 PERSONEN
1 EL Butter
3 EL Olivenöl
3 EL tiefgekühlte italienische Kräutermischung
3 EL Zitronensaft
1/2 TL abgeriebene Schale von 1 unbehandelten Zitrone
Salz, Pfeffer
1 Knoblauchzehe
500 g Zucchini
1 kleiner Zweig frischer Rosmarin
4 kleine Lammsteaks (à 70 g)
ZUBEREITUNG: ca. 30 Min.

1. Die Butter bei niedriger Temperatur weich werden lassen. Die Butter vom Herd nehmen. Mit 2 EL Olivenöl, italienischen Kräutern, 1 EL Zitronensaft und Zitronenschale cremig rühren. Die Kräuter-Oliven-Butter mit Salz und Pfeffer abschmecken und zum Festwerden kalt stellen.
2. Den Knoblauch abziehen und hacken. Zucchini waschen, putzen und in 3 mm dünne Scheiben schneiden.
3. In einer beschichteten Pfanne oder im Wok 1/2 EL Olivenöl erhitzen. Den Knoblauch darin anbraten. Die Zucchini dazugeben, mit Salz und Rosmarin würzen und auf großer Flamme unter ständigem Rühren in ca. 4 Min. bissfest braten. Die Zucchini sollen gerade nicht mehr roh, aber auf keinen Fall zu weich sein.
4. Die Zucchini sofort in eine Schüssel geben. Mit 2 EL Zitronensaft vermischen. Die Zucchini mit Salz und Pfeffer abschmecken.
5. Die Lammsteaks abwaschen und trockentupfen. Lammsteaks salzen und pfeffern.
6. 1/2 EL Olivenöl in einer beschichteten oder gusseisernen Pfanne erhitzen. Die Lammsteaks darin auf beiden Seiten kurz braten.
7. Die Lammsteaks portionsweise mit der Kräuter-Oliven-Butter und den gebratenen Zucchini anrichten.

Nährwerte pro Portion:
360 kcal • **31 g** Eiweiß • **24 g** Fett • **4 g** Kohlenhydrate

Schmortopf »Gärtnerin«

FÜR 4 PERSONEN
500 g Rindfleisch
2 Zwiebeln
4 Knoblauchzehen
3 EL Olivenöl
Salz
Pfeffer
1/2 TL Thymian
1/2 TL Kümmel
2 TL edelsüßes Paprikapulver
3 EL Tomatenmark
400 ml Gemüsebrühe
400 g fest kochende Kartoffeln
200 g Karotten
100 g Sellerie
1 rote Paprika
1 grüne Paprika
1 kleine Dose geschälte Tomaten

ZUBEREITUNG: ca. 30 Min.
GARZEIT: ca. 90 Min.

1. Das Rindfleisch abwaschen, trockentupfen und in Würfel schneiden. Die Zwiebeln abziehen und hacken. Den Knoblauch abziehen.
2. In einem flachen Topf 3 EL Öl erhitzen. Das Fleisch darin anbraten. Fleisch beiseite stellen.
3. Die Zwiebeln in den Topf geben und im Bratrückstand zuerst glasig dünsten, dann unter Rühren goldbraun braten.
4. Das angebratene Fleisch mit den Zwiebeln vermischen. Mit Salz, Pfeffer, Thymian, Kümmel, Paprikapulver und Tomatenmark würzen.
5. Fleisch mit der Gemüsebrühe aufgießen und zugedeckt 1 Std. bei milder Hitze köcheln.
6. Kartoffeln waschen, schälen und in Schnitze schneiden. Karotten waschen, putzen und in Scheiben schneiden. Sellerie schälen und in feine Würfel schneiden.
7. Die Paprika waschen, halbieren, Stielansätze und Trennwände entfernen. Das Fruchtfleisch in Streifen schneiden. Die Tomaten abgießen. Den Saft auffangen. Die Tomaten in Stücke schneiden.
8. Die Kartoffeln, Paprika, Karotten, Sellerie, Tomaten und Tomatensaft mit dem Ragout vermischen. Mit Salz und Pfeffer kräftig würzen.
9. Das Ragout zugedeckt noch 40 Min. leicht kochen. Wenn die Sauce zu dick wird, noch etwas Gemüsebrühe untermischen.

Nährwerte pro Portion:
345 kcal • **31 g** Eiweiß • **14 g** Fett • **22 g** Kohlenhydrate

Sahniges Brombeer-Eis

mit Pfirsich-Himbeer-Salat

FÜR 4 PERSONEN

FÜR DAS BROMBEER-EIS

500 g Brombeeren
4 EL Zucker
150 ml Sahne

FÜR DEN PFIRSICH-HIMBEER-SALAT

500 g reife Pfirsiche
100 g Himbeeren
1 Orange
1 TL Honig

ZUBEREITUNG: ca. 20 Min.
GEFRIERZEIT: ca. 30 Min.

1. Die Brombeeren verlesen, abbrausen und abtropfen lassen. Mit dem Zauberstab die Brombeeren mit dem Zucker fein pürieren. Das Beerenpüree durch ein Sieb streichen.
2. Die Sahne sehr steif schlagen und unter das Brombeerpüree heben. Die Masse in der Eismaschine zu Eis rühren. (Oder in eine flache Schüssel gießen, in das Tiefkühlfach stellen, ab und zu kräftig umrühren, damit sich keine Eiskristalle bilden.)
3. Die Pfirsiche waschen, halbieren und den Kern entfernen. Das Fruchtfleisch in kleine Schnitze schneiden.
Die Himbeeren verlesen, abbrausen und abtropfen lassen.
4. Die Orange auspressen. Den Orangensaft mit dem Honig verrühren, mit den Pfirsichschnitzen und den Himbeeren vermischen.
5. Das sahnige Brombeer-Eis portionsweise auf dem Pfirsich-Himbeer-Salat anrichten.

VARIANTEN

Nach diesem Grundrezept können Sie auch Erdbeeren, Aprikosen, Pfirsiche oder Mangos zu cremigem Eis verarbeiten.
Sie wollen Fett sparen? Dann ersetzen Sie die Sahne durch Joghurt.

Nährwerte pro Portion:

235 kcal • **3 g** Eiweiß • **6 g** Fett • **38 g** Kohlenhydrate

Dattel-Haselnuss-Pralinen

FÜR 20 PRALINEN
500 g getrocknete Datteln
3 Vanilleschoten
3 EL Rum
1 1/2 EL Haselnussmus
1 1/2 EL Kakaopulver
40 g Kokosflocken
ZUBEREITUNG: ca. 30 Min.

1. Die Datteln entsteinen und durch die feine Scheibe des Fleischwolfs drehen (oder sehr klein schneiden und mit dem Zauberstab pürieren). Die Vanilleschoten längs aufschneiden. Das Mark herauskratzen und mit dem Rum vermischen.
2. Die Datteln mit Rum, Haselnussmus und Kakao gut verkneten. Aus der Masse mit befeuchteten Händen kleine Kugeln formen.
3. Die Dattel-Haselnuss-Pralinen in den Kokosflocken wälzen.

STATT PLÄTZCHEN

Dieses mineralstoffreiche, basenbildende Konfekt ist ein prima Ersatz für schwere Weihnachtsplätzchen. Tut auch Kindern gut, da es keinen weißen Zucker enthält.

Nährwerte pro Portion:
90 kcal • **1 g** Eiweiß • **2 g** Fett • **15 g** Kohlenhydrate

Erdbeersuppe mit Melonen

FÜR 2 PERSONEN
2 Orangen
250 g Erdbeeren
2 TL brauner Zucker
1/2 TL Speisestärke
200 g Honigmelone
ZUBEREITUNG: ca. 20 Min.
KÜHLZEIT: ca. 20 Min.

1. Die Orangen auspressen. Die Erdbeeren waschen, abzupfen und in Stücke schneiden. Die Erdbeeren, den Orangensaft und den braunen Zucker mit dem Zauberstab pürieren.
2. Das Beerenpüree durch ein Sieb streichen. Die Speisestärke mit 3 EL kaltem Wasser glatt rühren und mit dem Beerenpüree vermischen.
3. Das Erdbeerpüree zum Kochen bringen. 1 Min. köcheln und auf 2 Suppenteller verteilen.
4. Die Honigmelone schälen und die Kerne entfernen. Aus dem Fruchtfleisch mit dem Formmesser kleine Kugeln abstechen (oder das Fruchtfleisch in Stücke schneiden).
5. Die Erdbeersuppe mit Melonenkugeln bestreut servieren.

WINTERFEST

In der kalten Jahreszeit dieses Rezept mit Tiefkühl-Erdbeeren und Mangostückchen zubereiten.

Nährwerte pro Portion:
140 kcal • **2 g** Eiweiß • **1 g** Fett • **29 g** Kohlenhydrate

Apfel-Zwetschgen-Mus

FÜR 2 PERSONEN

250 g saftige, säuerliche Äpfel
250 g Zwetschgen
1 EL brauner Zucker
100 ml Apfelsaft
1 Prise Zimt
1 Nelke
1 TL abgeriebene Schale von 1 unbehandelten Zitrone

ZUBEREITUNG: ca. 20 Min.

1. Die Äpfel schälen. Die Stielansätze und das Kerngehäuse entfernen. Die Äpfel in kleine Stücke schneiden. Die Zwetschgen waschen, halbieren und entkernen.
2. Äpfel und Zwetschgen mit Zucker, Apfelsaft, Zimt, Nelke und Zitronenschale in einen kleinen Topf geben. Zugedeckt auf kleiner Flamme ca. 7 Min. leicht kochen. Dabei ab und zu umrühren. Die Früchte sollen weich sein, dürfen aber nicht zerfallen.
3. Die Zitronenschale und die Nelke entfernen. Die Früchte mit dem Zauberstab pürieren.

VARIANTE

Ganz hervorragend schmeckt auch eine Kompott-Mischung aus Zwetschgen und Pfirsichen. Wer die Basenbildung verstärken will, kocht noch Rosinen mit.

Nährwerte pro Portion:

180 kcal • **1 g** Eiweiß • **1 g** Fett • **38 g** Kohlenhydrate

Fruchtsalat mit Orangen-Nuss-Creme

FÜR 4 PERSONEN

FÜR DEN FRUCHTSALAT

2 Orangen
200 g blaue Trauben
200 g Erdbeeren
1 Kiwi
1 Banane
2 getrocknete Feigen

FÜR DIE NUSSCREME

1 Orange
200 g Magerquark
1 EL brauner Zucker
2 EL Haselnussmus
100 g Sahne

ZUBEREITUNG: ca. 20 Min.

1. Eine Orange schälen und in Stücke schneiden. Die zweite Orange auspressen. Die Trauben waschen, abzupfen und halbieren. Die Erdbeeren abbrausen, abzupfen und klein schneiden.
2. Die Kiwi und die Banane schälen und in Scheiben schneiden. Die getrockneten Feigen in kleine Stücke schneiden.
3. Die Orangen, Trauben, Kiwi, Bananen und Erdbeeren mit dem Orangensaft vermischen.
4. Für die Creme die Orange auspressen. Mit dem Handmixer den Quark mit Orangensaft, braunem Zucker und Haselnussmus glatt rühren.
5. Die Sahne steif schlagen und unter die Creme heben. Die Orangen-Nuss-Creme zum Fruchtsalat servieren.

GANZE NUSS STATT MUS

Sie haben kein Nussmus zur Hand? Kein Problem! Verwenden Sie stattdessen 2 EL gemahlene Haselnüsse. Die schmecken am besten, wenn die ganzen Nüsse zuerst in der Pfanne geröstet und dann gemahlen werden.

Nährwerte pro Portion:

305 kcal • **11 g** Eiweiß • **14 g** Fett • **38 g** Kohlenhydrate

Papaya-Heidelbeer-Salat

mit Limetten-Kokos-Sorbet

FÜR 4 PERSONEN

FÜR DAS SORBET

1 Bio-Limette oder Zitrone

2 Orangen

250 g ungesüßte Kokosmilch (Tetra Pack)

3 EL brauner Zucker

1 TL frischer, geriebener Ingwer

FÜR DEN FRUCHTSALAT

1 Papaya (600 g)

150 g Heidelbeeren (auch tiefgekühlt)

2 Orangen

1 TL Honig

ZUBEREITUNG: ca. 30 Min.

GEFRIERZEIT: ca. 30 Min.

1. Von der halben Limette die Schale dünn abschneiden. Die ganze Limette auspressen. Die Orangen auspressen.
2. Kokosmilch, Limetten-Orangensaft, braunen Zucker, und Ingwer verrühren.
3. Die Flüssigkeit in die Eismaschine geben und zu einem cremigen Sorbet rühren (oder die Flüssigkeit in einer flachen Schüssel zugedeckt 2 Std. in die Tiefkühltruhe stellen. Alle 20 Min. gut umrühren, damit sich keine Eiskristalle bilden).
4. Für den Fruchtsalat die Papaya halbieren und die Kerne entfernen. Das Fruchtfleisch in Stücke schneiden. Die Heidelbeeren verlesen, abbrausen und abtropfen lassen (oder auftauen lassen).
5. Eine Orange mit einem scharfen Messer schälen. Die Orangenfilets zwischen den Trennwänden herausschneiden.
6. Eine Orange auspressen. Den Orangensaft mit dem Honig glatt verrühren.
7. Die Papayastückchen und die Orangenfilets mit dem Orangensaft vermischen.
8. Den Fruchtsalat portionsweise anrichten, mit den Heidelbeeren bestreuen und obenauf eine Kugel Limetten-Kokos-Sorbet geben.

VARIANTE

Rote oder Schwarze Johannisbeeren über den Fruchtsalat streuen.

SCHLAU KOMBINIERT

Setzen Sie das aromatische Limetten-Kokos-Sorbet in die knallrote Erdbeersuppe. Sieht toll aus!

Nährwerte pro Portion:

270 kcal • **3 g** Eiweiß • **14 g** Fett • **34 g** Kohlenhydrate

Basen-Power-Kompott von Trockenfrüchten

FÜR 4 PERSONEN
500 ml Wasser
100 g getrocknete, ungeschwefelte Zwetschgen
150 g getrocknete, ungeschwefelte Aprikosen
1 Bio-Orange
1 EL brauner Zucker
1 Stange Zimt
1 TL abgeriebene Schale von 1 unbehandelten Zitrone
1 EL Zitronensaft
4 EL saure Sahne

ZUBEREITUNG: ca. 10 Min.
EINWEICHZEIT: ca. 2 Std.
KOCHZEIT: ca. 30 Min.

1. Das Wasser zum Kochen bringen. Die Zwetschgen und die Aprikosen damit übergießen und 2 Std. aufquellen lassen. Von der halben Orange die Schale dünn abschneiden.
2. Die Orange auspressen. Zwetschgen und Aprikosen im Einweichwasser mit Zucker, Zimt, Zitronen- und Orangenschale zum Kochen bringen und 30 Min. köcheln.
3. Das Kompott vom Herd nehmen, mit Orangen- und Zitronensaft vermischen.
4. Das Kompott abkühlen lassen und portionsweise mit der sauren Sahne anrichten.

DESSERT MIT PUFFER-POWER

Trockenfrüchte sind unschlagbar, wenn es zur Basenbildung kommt!

VARIANTE

Servieren Sie dieses Dessert auch mit der Orangen-Nusscreme (s. Seite 108).

Nährwerte pro Portion:
190 kcal • **3 g** Eiweiß • **2 g** Fett • **36 g** Kohlenhydrate

Mango-Pudding mit Holundersaft

FÜR 2 PERSONEN
1 große Mango (ca. 300 g)
3 Orangen
2 EL brauner Zucker
1 TL Agar-Agar-Pulver
100 m Holundersaft

ZUBEREITUNG: ca. 20 Min.
KÜHLZEIT: ca. 2 Std.

1. Die Mango schälen. Das Fruchtfleisch vom Kern schneiden und würfeln. Saft von 2 Orangen auspressen.
2. Die Mangowürfel, Orangensaft und Zucker mit dem Zauberstab fein pürieren.
3. Das Agar-Agar-Pulver mit 3 EL kaltem Wasser glatt rühren. Das Mangopüree in einem kleinen Topf unter Rühren zum Kochen bringen. Die Agar-Agar-Lösung mit dem Schneebesen unterrühren.
4. Das Mangopüree unter Rühren 2 Min. köcheln und in 2 Puddingförmchen gießen. Den Mangopudding 2 Std. kalt stellen.
5. Die restliche Orange auspressen. Den Orangensaft mit dem Holundersaft vermischen.
6. Den Mango-Pudding auf kleine Teller stürzen und mit dem Holundersaft umgießen.

Nährwerte pro Portion:
195 kcal • **2 g** Eiweiß • **1 g** Fett • **43 g** Kohlenhydrate

Kirschen-Gratin

FÜR 2 PERSONEN

400 g Kirschen
1 TL Butter
200 g Joghurt
1 Ei
2 TL Zucker

ZUBEREITUNG: ca. 15 Min.
BACKZEIT: ca. 20 Min.

1. Den Ofen auf 200 °C (Umluft 180 °C) vorheizen. Die Kirschen waschen, abzupfen und entsteinen.
2. Eine flache, ofenfeste Form mit der Butter ausstreichen. Die Kirschen in einer Schicht in der Form verteilen.
3. Mit dem Handmixer den Joghurt mit Ei und Zucker verrühren. Den Guss auf den Kirschen verteilen. Das Kirschen-Gratin im vorgeheizten Ofen 20–25 Min. backen.

DEN SOMMER NUTZEN

Dieses Gratin schmeckt auch mit Pflaumen, Pfirsichen und Aprikosen. Die Früchte in Schnitze schneiden, danach ziegelartig in die Form schichten und den Guss darüber gießen.

Nährwerte pro Portion:

250 kcal • **8 g** Eiweiß • **9 g** Fett • **33 g** Kohlenhydrate

Überraschungs-Äpfel mit Schneehäubchen

FÜR 2 PERSONEN

2 EL Rosinen
2 getrocknete Feigen
1 EL Haselnüsse
3 EL Orangensaft
1 TL Zitronensaft
1 EL Cognac
1 Prise Zimt
2 große, saftige Äpfel
1 Eiweiß
20 g brauner Zucker
2 Pck. Vanillezucker

ZUBEREITUNG: ca. 15 Min.
MARINIERZEIT: ca. 30 Min.
BACKZEIT: ca. 20 Min.

1. Die Rosinen, die Feigen und die Haselnüsse hacken. Mit Orangen- und Zitronensaft, Cognac und Zimt vermischen. Die Trockenfrüchte und Nüsse 30 Min. darin marinieren.
2. Den Ofen auf 200 °C (Umluft 180 °C) vorheizen. Die Äpfel waschen und halbieren. Das Kerngehäuse entfernen und die Äpfel mit einem kleinen Löffel etwas aushöhlen. Das entnommene Fruchtfleisch hacken und mit den Trockenfrüchten und Nüssen vermischen.
3. Die Äpfel mit der Mischung füllen, nebeneinander in eine kleine Form setzen. Die Äpfel im vorgeheizten Ofen 10 Min. backen.
4. In dieser Zeit das Eiweiß mit dem Handmixer zu festem Eischnee rühren. Nach und nach Zucker und Vanillezucker unterrühren.
5. Die Äpfel aus dem Ofen nehmen, die Eischneemasse rasch darauf verteilen. Die Äpfel sofort zurück in den Ofen geben und noch ca. 12 Min. backen.

Nährwerte pro Portion:

335 kcal • **5 g** Eiweiß • **6 g** Fett • **65 g** Kohlenhydrate

Ananas-Bananen-Gratin

FÜR 2 PERSONEN
400 g Ananas
1 TL Butter
1 EL brauner Zucker
1 EL gehackte Haselnüsse
1/2 TL Zimt
1 reife Banane
3 EL Sauerrahm
1 Ei
2 TL Zitronensaft
1/2 TL abgeriebene Schale von 1 unbehandelten Zitrone
1 Pck. Vanillezucker
Muskat

ZUBEREITUNG: ca. 15 Min.
BACKZEIT: ca. 18 Min.

1. Den Ofen auf 200 °C (Umluft 180 °C) vorheizen. Die Ananas schälen, die harten Augen und den Strunk entfernen. Das Fruchtfleisch in dünne Scheiben schneiden.
2. Eine flache Form mit der Butter ausstreichen. Die Ananasscheiben nebeneinander in die Form legen. Die Ananas mit dem braunen Zucker, den gehackten Haselnüssen und dem Zimt bestreuen.
3. Die Banane mit der Gabel fein zerdrücken. Das Bananenmus mit Sauerrahm, Ei, Zitronensaft, Zitronenschale, Vanillezucker und einer Prise Muskat verrühren.
4. Den Guss auf den Ananasscheiben verteilen. Das Gratin im vorgeheizten Ofen 18 Min. goldgelb backen.

Nährwerte pro Portion:
290 kcal • **6 g** Eiweiß • **12 g** Fett • **38 g** Kohlenhydrate

Mango-Crumble

FÜR 2 PERSONEN
2 Mangos
1/2 TL Zimt
1/2 TL abgeriebene Schale von 1 unbehandelten Zitrone
1 EL Zitronensaft
25 g kalte Butter
25 g Zucker
25 g Mehl
25 g geriebene Haselnüsse

ZUBEREITUNG: ca. 15 Min.
BACKZEIT: ca. 35 Min.

1. Den Ofen auf 200 °C (Umluft 180 °C) vorheizen. Die Mangos mit einem scharfen Messer schälen. Das Fruchtfleisch vom Kern schneiden und würfeln.
2. Die Mangostückchen mit Zimt, Zitronenschale und -saft vermischen.
3. Die Butter hacken. Butter, Zucker, Mehl und Haselnüsse mit den Händen zu kleinen Streuseln vermischen.
4. Die Mangostückchen in einer dünnen Schicht in einer flachen Form verteilen. Die Streusel darauf verteilen.
5. Mango-Crumble im vorgeheizten Ofen ca. 35 Min. backen, bis die Streusel schön goldbraun sind.

DAZU SCHMECKT

Kühler Vanille-Joghurt: Dafür 250 g Joghurt und 2 Päckchen Vanillezucker glatt rühren.

Nährwerte pro Portion:
400 kcal • **4 g** Eiweiß • **19 g** Fett • **52 g** Kohlenhydrate

Aprikosen-Strudel

FÜR 4 PERSONEN

500 g Aprikosen
100 g Löffelbiskuits
2 gestrichene EL Vanillepuddingpulver
1 EL brauner Zucker
1/2 TL Zimt
3 EL Rosinen
2 Blätter Strudelteig à 50 g (tiefgefroren oder vakuumverpackt)
2 EL Öl

ZUBEREITUNG: ca. 30 Min.
BACKZEIT: ca. 30 Min.

1. Den Ofen auf 190 °C (Umluft 170 °C) vorheizen. Die Aprikosen waschen, halbieren und entkernen.
2. Die Löffelbiskuits in einen Gefrierbeutel geben. Den Beutel mit einem Gummiring fest verschließen. Mit einem Teigausroller die Löffelbiskuits fein zerstoßen. Das Vanillepuddingpulver durchsieben und mit den Löffelbiskuitbröseln vermischen. Den Zucker mit dem Zimt vermischen.
3. Die Aprikosenhälften, Rosinen, Löffelbiskuitbrösel und Zimtzucker vermischen.
4. Ein feuchtes, gut ausgedrücktes Küchentuch ausbreiten. Ein Blatt Strudelteig darauf legen und mit 1/2 EL Öl bestreichen. Das zweite Blatt Strudelteig darauf legen.
5. Die Aprikosenfüllung auf dem unteren Drittel des Strudelteigs verteilen. Dabei rechts und links einen 4 cm breiten Rand frei lassen.
6. Die Teigränder von rechts und links über die Füllung schlagen. Den Strudel vom unteren Ende her mit Hilfe des Küchentuchs aufrollen.
7. Ein Backblech mit 1 EL Öl bestreichen. Den Strudel vom Küchentuch auf das Backblech gleiten lassen (Die Teignaht soll unten liegen).
8. Den Strudel mit 1/2 EL Öl bestreichen und im vorgeheizten Ofen in ca. 30 Min. knusprig backen. Den Aprikosenstrudel auf dem Blech abkühlen lassen.

Nährwerte pro Portion:

370 kcal • **5 g** Eiweiß • **13 g** Fett • **57 g** Kohlenhydrate

Früchtebrot

FÜR 40 STÜCK KUCHEN

250 g getrocknete Apfelringe
100 g getrocknete Feigen
100 g Haselnüsse
70 g Rosinen
30 g Orangeat
20 g Zitronat
1 TL Zimt
Muskat
40 g Mandelblättchen
50 ml Rum
40 g Hefe
1 EL brauner Zucker
250 g Mehl
2 TL weiche Butter

ZUBEREITUNG: ca. 30 Min.
GEHZEIT: ca. 2 Std.
BACKZEIT: ca. 1 Std.

1. Die Apfelringe in Stücke schneiden und mit 400 ml Wasser aufkochen. Die Apfelstückchen 15 Min. ziehen lassen, in ein Sieb abgießen und die Kochflüssigkeit auffangen.

2. Die Feigen in dünne Scheiben schneiden. Die Haselnüsse fein hacken. Gekochte Apfelstückchen, Feigenscheibchen, Rosinen, Orangeat, Zitronat, Zimt, Muskat und Mandelblättchen vermischen und 15 Min. durchziehen lassen.

3. Die Hefe fein zerbröseln und mit dem braunen Zucker vermischen. Den Rum mit 50 ml Kochflüssigkeit vermischen (Wenn notwendig mit Wasser auf 100 ml auffüllen).

4. Das Mehl, aufgelöste Hefe, Fruchtmischung und die Kochflüssigkeit in ca. 10 Min. zu einem weichen, geschmeidigen Teig kneten.
Den Teig zugedeckt 1 Std. gehen lassen.

5. Eine Kastenform mit 2 TL Butter ausstreichen. Den Teig nochmals gut durchkneten und in die Form geben. Das Früchtebrot nochmals 1 Std. gehen lassen.

6. Den Ofen auf 190 °C (Umluft 170 °C, Gas Stufe 3 – 4) vorheizen, das Früchtebrot 1 Std. backen, aus der Form lösen und auf einem Kuchengitter abkühlen lassen.

ESSBARES GESCHENK

Eine köstliche Weihnachtsüberraschung. Das saftige Früchtebrot ist ein kulinarisches Mitbringsel, das garantiert ankommt.

Nährwerte pro Portion:

80 kcal • **1 g** Eiweiß • **2 g** Fett • **13 g** Kohlenhydrate

Ananas-Erdbeer-Kuchen

mit Sahne

FÜR 12 STÜCK KUCHEN

FÜR DEN BISKUIT

2 Eier
75 g Zucker
75 g Mehl
1/2 TL Backpulver
Backpapier

FÜR DEN BELAG

700 g Ananas
200 g Erdbeeren
150 ml Sahne
2 Pck. Natur-Vanillezucker

ZUBEREITUNG: ca. 20 Min.
BACKZEIT: ca. 20 Min.

1. Den Ofen auf 170 °C (Umluft 150 °C, Gas Stufe 2–3) vorheizen.
2. Die Eier mit dem Handmixer schaumig rühren. Den Zucker einrieseln lassen und die Masse schaumig rühren.
3. Das Mehl und das Backpulver durchsieben und unter die Eimasse heben.
4. Eine Springform (26 cm Ø) mit Backpapier auslegen, den Teig einfüllen und glatt streichen.
5. Den Biskuit im vorgeheizten Ofen ca. 25 Min. backen. Den Biskuit auf ein Kuchengitter stürzen. Das Backpapier leicht anfeuchten und abziehen. Den Biskuit abkühlen lassen.
6. Die Ananas mit einem scharfen Messer schälen. Die harten Augen und den Strunk entfernen. Das Fruchtfleisch in dünne Scheiben schneiden.
7. Die Erdbeeren waschen, abzupfen und halbieren.
8. Kurz vor dem Servieren den Biskuit mit Ananasscheibchen und Erdbeeren belegen.
9. Die Sahne mit dem Vanillezucker steif schlagen und zum Ananas-Erdbeer-Kuchen reichen.

SWEET BASIC

Der schnell und einfach zubereitete Biskuitboden ist die ideale Grundlage für viele Früchtchen. Probieren Sie den Kuchen auch mit Trauben, Mangos, Pfirsichen, Himbeeren, Melonen und streuen Sie auch ab und zu fein geschnittene Trockenfrüchte dazwischen.

Nährwerte pro Portion:

110 kcal • **2 g** Eiweiß • **3 g** Fett • **18 g** Kohlenhydrate

Testergebnis

Latente Übersäuerung – sind Sie gefährdet?

76 – 130 Punkte

Sie haben bis jetzt bei Ihrer Ernährung den Säure-Basenhaushalt nicht berücksichtigt. Das Testergebnis zeigt die Gefahr einer latenten Übersäuerung. Gestalten Sie Ihr Essen bewusst und verspeisen Sie vor allem viel mehr frisches Obst und Gemüse. Die Basen-Plus-Ernährung wird Sie mit neuer Energie versorgen und langfristig vor Folgeerkrankungen schützen. Sie müssen sich jedoch im Klaren darüber sein, dass die Harmonisierung Ihres Säure-Basenhaushalts ein dauerhafter Prozess ist und keine vorübergehende Entschlackungs-Kur.

Tipp:

Essgewohnheiten ändern sich nicht von heute auf morgen. Benutzen Sie die Lebensmittel-Tabelle von Seite 20 und unsere Rezepte für Ihre Menüplanung und setzen Sie öfters vegetarische Gerichte auf Ihren Speiseplan. Füllen Sie den Einkaufswagen mit viel Obst und Gemüse. Greifen Sie auch zu tiefgekühlten Produkten, wenn Sie wenig Zeit zum Kochen haben. Naschen Sie ganz bewusst zwischendurch Früchte als Snack und genießen Sie zu jedem Essen einen Salat und/oder ein Gemüse. Wählen Sie auch Kartoffeln als Beilage, wenn Sie Fleisch oder Fisch essen. Machen Sie die Fleischportionen kleiner und die Gemüseportionen größer.

131 – 170 Punkte

Das Testergebnis zeigt, dass Sie bereits gesundheitsbewusst essen. Ihre Lebensmittelauswahl bewegt sich in Richtung Basen-Plus-Ernährung. Mit Hilfe dieses Buches können Sie die Zusammenhänge des Säure-Basen-Haushalts noch besser verstehen und Sie können bisher unerkannte Säurefallen vermeiden. Leistungstiefs gehören dann langfristig der Vergangenheit an, und Sie werden den Alltagsstress gelassener bewältigen.

Tipp:

Sie essen häufig nicht zu Hause? Dann wählen Sie im Restaurant vegetarische Gerichte oder Sie fragen nach Ihrem ganz individuellen Kombi-Menü mit dem Basen-Plus. Gemüsesuppe oder Salat. Eine halbe Portion Fisch oder Fleisch und dafür die doppelte Portion Tomatensauce oder Gemüse und zum Abschluss ein Fruchtdessert.

171 – 190 Punkte

Obst und Gemüse, die Basenbildner, gehören zu Ihren Leibspeisen. Sie beugen mit Ihrer Ernährung einer latenten Übersäuerung des Organismus vor. Wenn Sie diese Ernährung auch noch mit ausreichend Bewegung verbinden, haben Sie eine optimale Kondition, Sie bleiben schlank und schützen sich vor Zivilisationskrankheiten.

Tipp:

Perfektionieren Sie Ihre Vitaminversorgung und nutzen Sie die Jahreszeiten. Schlemmen Sie schüsselweise Beeren im Sommer und saftige Mangos im Winter. Genießen Sie zarte Kräuter im Frühling und züchten Sie Ihre eigenen Sprossen im Winter.

Gerichte nach Kapiteln

DRINKS, FRÜHSTÜCK UND POWER-SNACKS

Harmony-Gemüse-Drink 26
Mango-Eis-Tee 26
Bananen-Kiwi-Drink 28
Tomatensaft mit Kräutern 28
Orangen-Kefir-Drink 29
Himbeer-Buttermilch 29
Erdbeer-Nuss-Müsli 30
Apfel-Porridge 30
Aprikosen-Zwetschgen-Marmelade aus Trockenfrüchten 32
Schinken-Toast mit Karottensaft 32
Lachsröllchen 34
Paprika mit Hüttenkäsesalat 34
Räucher-Tofu-Sandwich mit Zucchini-Salsa 35
Gemüsesticks mit Kräuter-Joghurt 35
Knoblauch-Kartoffel-Brötchen 36
Avocado-Crostini 36
Gegrillte Austernpilze mit Basilikum-Salsa 38
Gorgonzola-Tomaten 38
Hähnchen-Lauch-Pastete 40

SALATE

Frühlingssalat mit Spargel und Erdbeeren 42
Knackiger Räucher-Tofu-Salat auf Chicoreé 42
Rübchensalat mit Ananas 44
Fenchel-Paprika-Tomaten-Salat 44
Salat von grünen Bohnen mit Schafkäse 45
Asia-Sprossen-Salat 45
Mariniertes Grillgemüse 46
Kartoffel-Gurken-Salat mit Stremmellachs 48
Feldsalat mit Avocado 50
Gebratenes Hähnchenfilet 50
Spinatsalat mit Omelette-Streifen 52

SUPPEN

Kalte Karottensuppe 54
Gazpacho 54
Misosuppe mit Meeresgemüse 56
Tomatensuppe 56
Borschtsch 58
Griechischer Linseneintopf 58
Ruck-Zuck-Kürbissuppe 60
Schnelle Gemüse-Raspel-Suppe 60
Spinatcreme-Suppe 61
Blitz-Minestrone 61
Wirsingtopf mit Hähnchenbrust 62
Sizilianischer Fischtopf 64
Eintopf mit grünen Bohnen und Rindfleisch 66

HAUPTGERICHTE VEGETARISCH

Kürbis-Dim-Sums 68
Spaghetti mit Gemüse-Sugo 70
Penne mit Brokkoli 70
Griechisches Spinat-Kartoffel-Gratin 72
Knusprige Tofu-Bällchen 74
Kichererbsen mit Aprikosen 76
Spinatrisotto 77
Schmortopf 78
Spargel mit Kerbelsauce 78
Vegi-Burger 80
Grünrotes Gemüsecurry 82
Kohlrabi in Minzsauce 84
Aus dem Wok – Austernpilze, Zuckererbsen und Lauch 84

HAUPTGERICHTE MIT FISCH

Knuspriger Fisch mit Ananas 86
Italienisches Fischfilet 88
Bratfisch mit Kräuter-Gemüse 90
Gebratenes Zanderfilet 92
Aus dem Dampf – Lachs im grünen Bett 94

HAUPTGERICHTE MIT FLEISCH

Gebratene Hühnerkeule 96
Wokpfanne mit Rindfleisch 98
Knuspriges Kartoffelrösti 100
Lammsteaks mit Kräuterbutter 100
Schmortopf »Gärtnerin« 102

DESSERTS

Sahniges Brombeer-Eis 104
Dattel-Haselnuss-Pralinen 106
Erdbeersuppe 106
Apfel-Zwetschgen-Mus 108
Fruchtsalat mit Orangen-Nuss-Creme 108
Papaya-Heidelbeer-Salat 110
Basen-Power-Kompott 112
Mango-Pudding 112
Kirschen-Gratin 114
Überraschungs-Äpfel 114
Ananas-Bananen-Gratin 116
Mango-Crumble 116
Aprikosen-Strudel 118
Früchtebrot 120
Ananas-Erdbeer-Kuchen mit Sahne 122

Rezeptregister von A bis Z

Ananas
- Knuspriger Fisch mit Ananas 86
- Rübchensalat mit Ananas 44

Ananas-Bananen-Gratin 116
Ananas-Erdbeer-Kuchen mit Sahne 122
Äpfel
- Überraschungs-Äpfel 114

Apfel-Porridge 30
Apfel-Zwetschgen-Mus 108
Aprikosen
- Kichererbsen mit Aprikosen 76

Aprikosen-Strudel 118
Aprikosen-Zwetschgen-Marmelade aus Trockenfrüchten 32
Asia-Sprossen-Gemüse, Gebratenes Zanderfilet auf 92
Asia-Sprossen-Salat 45
Aus dem Dampf – Lachs im grünen Bett 94
Aus dem Wok – Austernpilze, Zuckererbsen und Lauch 84
Avocado-Crostini 36

Bananen-Kiwi-Drink 28
Basen-Power-Kompott 112
Basilikum-Dip, Vegi-Burger mit rosa 80
Basilikum-Salsa, Gegrillte Austernpilze mit 38
Beeren
- Erdbeer-Nuss-Müsli 30
- Erdbeersuppe 106
- Frühlingssalat mit Spargel und Erdbeeren 42
- Himbeer-Buttermilch 29
- Papaya-Heidelbeer-Salat 110
- Sahniges Brombeer-Eis 104

Blitz-Minestrone 61
Borschtsch 58
Bratfisch mit Kräuter-Gemüse 90

Dattel-Haselnuss-Pralinen 106

Eintopf mit grünen Bohnen und Rindfleisch 66
Erdbeeren
- Ananas-Erdbeer-Kuchen mit Sahne 122
- Frühlingssalat mit Spargel und Erdbeeren 42

Erdbeer-Nuss-Müsli 30
Erdbeersuppe 106

Feldsalat mit Avocado 50
Fenchel-Paprika-Tomaten-Salat 44
Fisch
- Aus dem Dampf – Lachs im grünen Bett 94
- Bratfisch mit Kräuter-Gemüse 90
- Gebratenes Zanderfilet 92
- Italienisches Fischfilet 88
- Kartoffel-Gurken-Salat mit Stremmellachs 48
- Knuspriger Fisch mit Ananas 86
- Lachsröllchen 34
- Sizilianischer Fischtopf 64

Fruchtsalat mit Orangen-Nuss-Creme 108
Früchtebrot 120
Frühlingssalat mit Spargel und Erdbeeren 42

Gebratene Hühnerkeule 96
Gebratenes Hähnchenfilet 50
Gebratenes Zanderfilet 92
Gegrillte Austernpilze mit Basilikum-Salsa 38
Gemüse
- Aus dem Wok – Austernpilze, Zuckererbsen und Lauch 84
- Blitz-Minestrone 61
- Bratfisch mit Kräuter-Gemüse 90
- Gazpacho 54
- Grünrotes Gemüsecurry 82
- Harmony-Gemüse-Drink 26
- Mariniertes Grillgemüse 46
- Schmortopf 78
- Schnelle Gemüse-Raspel-Suppe 60
- Spaghetti mit Gemüse-Sugo 70
- Vegi-Burger 80

Gemüsesticks mit Kräuter-Joghurt 35
Gemüse-Sugo, Spaghetti mit sardischem 70
Gorgonzola-Tomaten 38
Griechischer Linseneintopf 58
Griechisches Spinat-Kartoffel-Gratin 72

Hähnchen
- Gebratene Hühnerkeule 96
- Gebratenes Hähnchenfilet 50
- Wirsingtopf mit Hähnchenbrust 62

Hähnchen-Lauch-Pastete 40
Harmony-Gemüse-Drink 26
Holundersaft, Mango-Pudding mit 112
Himbeer-Buttermilch 29
Hüttenkäsesalat, Paprika mit 34

Italienisches Fischfilet 88

Kalte Karottensuppe 54
Karottensaft, Schinken-Toast mit 32
Kartoffeln
- Griechisches Spinat-Kartoffel-Gratin 72
- Knoblauch-Kartoffel-Brötchen 36
- Knuspriges Kartoffelrösti 100
- Vegi-Burger 80

Kartoffel-Gurken-Salat mit Stremmellachs 48
Kartoffelschnitze aus dem Backofen (Tipp) 88
Kefir
- Orangen-Kefir-Drink 29
- Salat von grünen Bohnen 45

Kerbelsauce, Spargel mit 78

Kichererbsen mit Aprikosen 76
Kirschen-Gratin 114
Knusprige Tofu-Bällchen 74
Knuspriger Fisch mit Ananas 86
Knackiger Räucher-Tofu-Salat auf Chicoreé 42
Kohlrabi in Minzsauce 84
Kräuter-Gemüse, Bratfisch mit 90
Kräuter-Joghurt, Gemüsesticks mit 35
Kürbis-Dim-Sums 68

Lachsröllchen 34
Lammsteaks mit Kräuterbutter 100
Limetten-Kokos-Sorbet, Papaya-Heidelbeer-Salat mit 110

Mango
Mango-Crumble 116
Mango-Eis-Tee 26
Mango-Pudding 112

Mariniertes Grillgemüse 46
Melonensalat, Gebratenes Hähnchenfilet auf 50
Misosuppe mit Meeresgemüse 56

Omelette-Streifen, Spinatsalat mit 52
Orangen-Kefir-Drink 29
Orangen-Nuss-Creme, Fruchtsalat mit 108

Papaya-Heidelbeer-Salat 110
Paprika mit Hüttenkäsesalat 34
Paprika-Sauce, Kürbis-Dim-Sums mit gebratenem Mangold und 68
Penne mit Brokkoli 70
Pfirsich-Himbeer-Salat, Sahniges Brombeer-Eis mit 104

Räucher-Tofu-Sandwich mit Zucchini-Salsa 35

Rindfleisch
Eintopf mit grünen Bohnen und Rindfleisch 66
Schmortopf »Gärtnerin« 102
Wokpfanne mit Rindfleisch 98
Ruck-Zuck-Kürbissuppe 60
Rübchensalat mit Ananas 44

Sahniges Brombeer-Eis 104
Salat von grünen Bohnen 45
Schinken-Toast mit Karottensaft 32
Schmortopf 78
Schmortopf »Gärtnerin« 102
Schnelle Gemüse-Raspel-Suppe 60
Sizilianischer Fischtopf 64
Spaghetti mit Gemüse-Sugo 70
Spargel mit Kerbelsauce 78
Spinat
Misosuppe mit Meeresgemüse 56
Spinatcreme-Suppe 61
Spinatrisotto 77
Spinatsalat mit Omelette-Streifen 52
Stremmellachs, Kartoffel-Gurken-Salat mit 48

Tofu
Grünrotes Gemüsecurry 82
Knackiger Räucher-Tofu-Salat auf Chicorée 42
Knusprige Tofu-Bällchen 74
Räucher-Tofu-Sandwich mit Zucchini-Salsa 35
Tomaten
Fenchel-Paprika-Tomaten-Salat 44
Gazpacho 54
Gebratene Hühnerkeule 96
Gorgonzola-Tomaten 38
Italienisches Fischfilet 88
Spaghetti mit Gemüse-Sugo 70
Tomaten-Pesto, Penne mit Brokkoli und 70
Tomatensaft mit Kräutern 28
Tomatensuppe 56
Trockenfrüchte
Aprikosen-Zwetschgen-Marmelade aus Trockenfrüchten 32
Basen-Power-Kompott 112
Dattel-Haselnuss-Pralinen 106
Fruchtsalat mit Orangen-Nuss-Creme 108
Früchtebrot 120
Kichererbsen mit Aprikosen 76
Überraschungs-Äpfel 114

Vegi-Burger 80

Wirsingtopf mit Hähnchenbrust 62
Wokpfanne mit Rindfleisch 98

Zitronen-Minz-Sauce, Kohlrabi in 84
Zucchini-Salsa, Räucher-Tofu-Sandwich mit 35

Impressum

Projektleitung: Susanne Klug
Lektorat: Susanne Klug
Korrektorat: Mischa Gallé
Umschlaggestaltung: independent Medien-Design, Horst Moser, München
Fotografie: Studio L'EVEQUE, München; außer Titelbild, U2, S.1, 2, 4, 5, 24, 25, U3: Jörn Rynio, Hamburg

Produktion: Petra Roth
Satz: Liebl Satz+Grafik, Emmering
Reproduktion: Penta Repro, München
Druck und Bindung: Printer, Trento

Titelrezept: Gebratenes Zanderfilet, S.92

Syndication:
www.jalag-syndication.de

ISBN 978-3-7742-8798-3

7. Auflage 2011

GRÄFE UND UNZER

Ein Unternehmen der
GANSKE VERLAGSGRUPPE

Studio L'EVEQUE
Food Fotografie
Harry Bischof und Tanja Major (Food & Styling) arbeiten schon lange intensiv für Werbung, Bücher und Zeitschriften im Foodbereich. In ihrem Studio assistieren Krisztina Babics und Hannelore Bellini. In der Innenstadt Münchens kreiert das 4-köpfige Team Foodaufnahmen mit erfrischendem Licht und appetitanregendem, trendigem Styling.

Die Anregungen in diesem Buch stellen die Meinung beziehungsweise die Erfahrungen der Autorinnen dar und wurden von ihnen nach bestem Wissen und Gewissen erstellt. Sie bieten jedoch keinen Ersatz für kompetenten medizinischen Rat. Jede Leserin, jeder Leser sollte für das eigene Tun auch weiterhin selbst verantwortlich sein. Weder die Autorinnen noch der Verlag können für eventuelle Nachteile oder Schäden, die aus den im Buch gegebenen praktischen Hinweisen resultieren, eine Haftung übernehmen.

Geschützte Warennamen (Warenzeichen) sind nicht immer gekennzeichnet. Aus der fehlenden Angabe kann nicht geschlossen werden, dass es sich um freie Warennamen handelt.

DAS ORIGINAL GU MIT GARANTIE

Unsere Garantie

Alle Informationen in diesem Ratgeber sind sorgfältig und gewissenhaft geprüft. Sollte dennoch einmal ein Fehler enthalten sein, schicken Sie uns das Buch mit dem entsprechenden Hinweis an unseren Leserservice zurück. Wir tauschen Ihnen den GU-Ratgeber gegen einen anderen zum gleichen oder ähnlichen Thema um.

Liebe Leserin und lieber Leser,

wir freuen uns, dass Sie sich für ein GU-Buch entschieden haben. Mit Ihrem Kauf setzen Sie auf die Qualität, Kompetenz und Aktualität unserer Ratgeber. Dafür sagen wir Danke! Wir wollen als führender Ratgeberverlag noch besser werden. Daher ist uns Ihre Meinung wichtig. Bitte senden Sie uns Ihre Anregungen, Ihre Kritik oder Ihr Lob zu unseren Büchern. Haben Sie Fragen oder benötigen Sie weiteren Rat zum Thema? Wir freuen uns auf Ihre Nachricht!

Wir sind für Sie da!
Montag–Donnerstag: 8.00–18.00 Uhr;
Freitag: 8.00–16.00 Uhr
Tel.: 0180-5 00 50 54*
Fax: 0180-5 01 20 54*
E-Mail: leserservice@graefe-und-unzer.de

*(0,14 €/Min. aus dem dt. Festnetz/ Mobilfunkpreise maximal 0,42 €/Min.)

P.S.: Wollen Sie noch mehr Aktuelles von GU wissen, dann abonnieren Sie doch unseren kostenlosen GU-Online-Newsletter und/oder unsere kostenlosen Kundenmagazine.

GRÄFE UND UNZER VERLAG
Leserservice
Postfach 86 03 13
81630 München